U0659244

黑龙江省非物质文化遗产

赫哲族鱼皮艺术

张　琳　编著

魏　潾　主审

哈尔滨工程大学出版社

图书在版编目(CIP)数据

赫哲族鱼皮艺术/张琳编著. —哈尔滨:哈尔滨工程大学出版社,2013.9

ISBN 978-7-5661-0681-0

Ⅰ.赫… Ⅱ.①张… Ⅲ.①赫哲族-服饰-民族文化-黑龙江省 Ⅳ.①K892.23

中国版本图书馆CIP数据核字(2013)第201548号

出版发行 哈尔滨工程大学出版社
社　　址 哈尔滨市南岗区东大直街124号
邮政编码 150001
发行电话 0451-82519328
传　　真 0451-82519699
经　　销 新华书店
印　　刷 哈尔滨市石桥印务有限公司
开　　本 787mm×1 092mm　1/16
印　　张 15.75
字　　数 272千字
版　　次 2013年10月第1版
印　　次 2013年10月第1次印刷
定　　价 88.00元
http://www.hrbeupress.com
E-mail:heupress@hrbeu.edu.cn

"赫哲人撒下金色的网,船儿满江鱼满舱……"

一首《乌苏里船歌》让20世纪的无数人知道了乌苏里江,知道了乌苏里江边生活着一个叫赫哲的民族,那耳熟能详悠扬的曲调和朴素的歌词,引起了人们对这个民族神奇的渔猎生活的向往。

随着时间的流逝,如今还知道赫哲这个民族的国人越来越少了,即使是黑龙江人,除了专业研究者外,对赫哲族及其历史文化知道的也不算多。赫哲族在56个民族中实实在在是稀小民族,即使在其人口最为集中的黑龙江省,也是六小民族之一。这个民族有语言无文字,正因为没有文字载体,其文化的传承只能通过口授身传。随着赫哲族年轻人生活方式不断汉化,使用赫哲族语言的人也越来越少。赫哲族说唱艺术"伊玛堪"被列为非物质文化遗产项目,如今除了做片段的表演,已经无人能够把"伊玛堪"故事完整演唱。非物质文化遗产项目"鱼皮艺术",是由生活用品演化而来的,如今由于生活中不再使用鱼皮制品,年轻人没有学习兴趣,这种技艺也濒临失传的境地。这几年,随着联合国对非物质文化遗产保护的重视,中国各级政府也采取一系列应急措施来扶持少数民族文化,在黑龙江省特别引起了从政府到民间人士对赫哲族文化的重视。在艺术家的奔波和努力下,出现了鱼皮工艺品的作坊,这让与众不同的鱼皮艺术品第一次呈现在我们面前,其自然纯朴的品质和美学的价值引起了人们的关注。

张琳女士便是为数不多的几位为鱼皮艺术奔波努力的艺术家之一,也是我所知道的,最执著、付出最多的一位女艺术家。为了鱼皮艺术,她放弃稳定的收入、花光了多年的积蓄;每日奔波于高校讲坛和艺术创作之间,曾不幸遭遇车祸,撞断过腿、摔断过手腕,为了她所热爱的鱼皮艺术事业,付出了血的代价。她向赫哲族老艺人拜师学艺,深得真传,结合自己专业美术的功底,继承创新,研究探索出了不同以往的鱼皮工艺。她使鱼皮艺术品从工艺品一跃成为具有极高审美价值的艺术品,并被公众和业内专家学者接受认可。其人其画,我都非常欣赏。更可贵的是她那一份对民族文化的真诚热爱和为保护、传承这份文化的无私无畏的奉献!

近十年来,张琳女士竭尽全力挖掘、保护、传承和发扬赫哲族手工艺术——鱼皮画，分别在《中国非物质文化遗产》《中国工艺美术》等杂志发表论文，多次参加国内外展会宣传赫哲族鱼皮文化，举办了张琳和学生赫哲族鱼皮画展。特别让人钦佩的是她竭尽全力，把这种民间艺术引进高校，让年青学子成为祖国民族文化的传承人。这是有战略意义的开明之举。也要特别感谢著名的哈尔滨工程大学和其他高校领导对她的充分理解和高度重视。在校方的支持下，张琳曾多次带领工程大学学生行程累计 3 000 公里，对黑龙江省非物质文化遗产赫哲族鱼皮艺术项目现状进行了考证、调研，掌握了第一手材料，对鱼皮画产业市场、加工能力、集中区及现有工艺水平有了全面了解，整理调研报告累计 4 万字。这些重要的第一手资料，对促进少数民族文化的基础保护工作十分重要。

张琳是中国一流鱼皮画艺术家，她创作的作品参加国内外展出多次获奖，参加过上海世博会，世界最大彩色鱼皮画《松花江百里湿地》获吉尼斯纪录，并被选入《中国民间文艺家词典》和《中国当代民间工艺名家名作选粹》。如今，张琳已经成为黑龙江省颇有影响的民间艺术家之一。

赫哲族鱼皮艺术被列为非物质文化遗产，既说明其珍贵有价值，更说明其可能濒危，需要保护与传承。如今，张琳将多年的积累成书，把没有文字记载传承的赫哲族鱼皮艺术用文字、符号、画面等记载下来，可喜可贺，尤其是该书对鱼皮艺术及技艺无保留地记录和传授，难能可贵。相信此书对艺术爱好者来说会是一部难得的、具有实用价值的读本，我更希望并相信这部书对黑龙江省这项非物质文化遗产的传承具有实实在在的现实意义和推广作用。

作为一个历史文化遗产极为丰富的国家，我们需要像张琳这样以传承和发展少数民族文化为己任的艺术家，更需要把保护少数民族文化艺术的宝贵经验记录下来的书籍。

前言

赫哲族的“鱼皮文化”在全世界独一无二，集历史、民族、宗教、民俗、艺术等价值于一身，是黑龙江省少数民族艺术的杰出代表，已被列入中国非物质文化遗产名录。

鱼皮艺术品是赫哲族独有的传统手工艺术品，是由鱼皮服饰、岩画、图腾的遗传工艺发展而来的，逐渐衍变出雕镂、拼贴、缝制等艺术形式，有文字记载的鱼皮艺术品至少也有二千五百年的历史，可追溯到隋唐时期。在漫长的历史中，鱼皮艺术的发展始终贯穿于赫哲人生活、生产、艺术、信仰等的方方面面，可以说现在的鱼皮艺术是赫哲人曾几何时的真实生活缩影，让我们能够重新了解和感知这个古老的民族。鱼皮艺术品具有鲜明的地域性和民族性；其制作、用料、工艺独特，通常无法模仿和复制，具有独一性；其又极具观赏性、装饰性和艺术性，是中华民族图案艺术宝库的重要组成部分。

由于没有文字的承载，赫哲族这项鱼皮艺术技艺历来都是口传身授的，很多宝贵的技艺和资料都已流失。为了能将这古老的民族文化传承下去本人特编写了此书，希望能为赫哲族鱼皮艺术的传承做些贡献。

本书从鱼皮艺术的起源讲起，以图文并茂的形式，详细介绍了赫哲族文化历史、鱼皮的种类、鱼皮画制作的美术基础、鱼皮画的制作、

鱼皮画作品创作、平贴鱼皮画制作、鱼皮挂件和吊件的制作、圆雕粘贴鱼皮摆件、鱼皮画的鉴赏等内容，集知识性、艺术性、实用性于一体。

这本书的面世要感谢社会各界朋友的支持与帮助。首先，感谢哈尔滨工程大学魏潾书记、黑龙江人民广播电台杨晶台长，是他们的鼓励和支持，我才有勇气和动力编著此书，感谢著名作家、黑龙江省文化厅的老领导贾宏图厅长为本书作序；其次，感谢的是哈尔滨工程大学团委副书记郭峰老师和国家大学生素质基地主任董宇艳老师，谢谢他们为此书提供的帮助与支持；另外，还要感谢我的孩子——巴特，他在整理、校对、编辑图片中做了大量工作。特别要感谢我的恩师——赫哲族艺人刘升老师，是她不吝赐教，毫无保留地传艺给我，我才会有今天的成绩，同时感谢吴宝臣老师、尤文凤老师、付占祥老师提供的帮助和支持，我希望把这本书当作礼物献给他们。借此机会，感谢多年来给我帮助的各界领导和朋友，是他们的提携、帮助与鼓励，我才走到了今天。在此还要感谢本书借鉴的各种图书、图片资料的作者，他们多是研究赫哲族文化艺术的前辈和先驱，正是因为有了他们铺就的台阶，才有了我今天的前行。由于引用的资料较多和一些图片资料作者不详，因此没能一一标注，一并见谅。

最后要感谢您，我的读者，希望没有辜负您的期望，此书能让您有所收获、感觉值得。这是我的处女作，难免青涩，敬请海涵。

张　琳

2013.7

目录

第一章

绪论

即将遗失的
传统文化

鱼皮艺术的起源

鱼皮艺术源于传统的鱼皮纹饰剪贴技艺、黑龙江畔古老的岩画及古代的图腾图案，鱼皮剪贴技艺虽然源于装饰，但其各种纹饰蕴含着极其丰富的艺术元素和艺术灵性，为现代赫哲人的剪贴艺术奠定了基础。经历了漫长的历史发展过程，鱼皮装饰的载体——服饰、器物随之演变、转移，而鱼皮装饰艺术的本体凸显出来。鱼皮艺术不再需要一个实用载体作媒介，而直接作为艺术品走出赫哲人的生活。

在经济飞速发展、社会急剧变化的今天，人们越来越重视发掘和保护民族民间文化遗产。鱼皮艺术是赫哲人宝贵的遗存文化，有着重要的艺术和研究价值。其表现内容展示了赫哲人的审美追求与信仰崇尚，具有鲜明的民族风格。研究鱼皮艺术的起源及其加工制作过程，有助于我们认识赫哲族的生存环境、生活状态和生产技术。

古老的鱼皮技艺是现代鱼皮镂刻与剪贴艺术的根，现代人的鱼皮艺术作品承载着赫哲族传统历史，题材广泛，工艺先进，装饰性强，显现出当今鱼皮艺术的勃勃生机。

赫哲族聚居区——街津口风光

鱼皮艺术的特点

鱼皮艺术品制作使用的鱼皮是用多年生洄游鱼大马哈鱼皮加工制作的，材料独特，反映了浓郁的地域特色，令人一望而知其源于北方，来自水滨，是捕鱼民族生活过程的创造。鱼皮有一种自然的美，具有天然的鱼鳞花纹，凹凸不平，又浑然天成，形成自然黑、白、灰过渡色差，其构成的画面色彩斑斓，意境深沉幽远，富有诗意。其风格古朴、粗犷，而且有立体感和动感，是其他美术材料不可取代的，也是非人工模拟能够获得的，有独特性和唯一性。自然收藏几十年不会变质，高品质的鱼皮画将是艺术收藏的珍品。

赫哲族具有丰富的神话传说，很多情节和人物在鱼皮画中有所描述展现。透过这些神话故事，可以了解赫哲人对于世界的看法。分析鱼皮艺术的图案，我们还可以了解赫哲这个民族的独有审美观。

鱼皮画《福娃》

鱼皮艺术的经济地位及意义

鱼皮艺术具有鲜明的黑龙江地方特色，工艺独特、精美，是纪念、收藏和馈赠佳品。

黑龙江省所辖抚远县素有“中国大马哈鱼之乡”“中国鲟鳇鱼之乡”的美誉，鱼类资源丰富而独特。用大马哈鱼鱼皮制成的鱼皮画有非常的美感，赫哲族鱼皮工艺品形成的鱼皮产业在黑龙江省文化品牌中，有着重要标志性效应和地位，可称其为色彩斑斓的“名片”。赫哲族鱼皮艺术是赫哲族中最具代表性的艺术形式之一。这种艺术既古老又年轻，现代人能够通过对它的欣赏，感受到远古时代人与自然之间相互作用的气息。正因如此，鱼皮工艺品已成为黑龙江赫哲族独有的艺术品，斟称中华民族文化的瑰宝，它突出了地域性、民族性和不可替代性。

传统鱼皮制作技艺的流变、失传甚至消亡是我们不愿看到的，但是时代的进步、科技的发展、文化的融合，使包括鱼皮制作技艺在内的任何一个民族的文化形态、任何一种传统的工艺都不可能一成不变。在鱼皮制品的生活实用价值消亡以后，从鱼皮纹饰脱胎而出的鱼皮画和鱼皮工艺品，无疑为传统鱼皮制作技艺拓展了新的生存和发展空间，鱼皮艺术完全可以成为黑龙江省具有经济效益的新型文化产业。

哈尔滨工程大学调研团在赫哲族聚居区抚远县订货

鱼皮画《华夏腾飞》（作者:马华）

第二章

赫哲族文化历史

即将遗失的
传统文化

东北民族赫哲族

赫哲族是我国东北地区一个古老的民族，主要分布在黑龙江省同江市、饶河县、抚远县，其人口数为 4 640 人，使用赫哲语，属阿尔泰语系“满－通古斯”语族满语支，文字已消失，早年以削木、裂革、结革记事。赫哲族的先民可以追溯到六千至七千多年前的密山新开流肃慎文化时期先秦时代的肃慎人。清顺治初期，即自 1644 年(顺治元年)起的几年内，赫哲部落被清政府“编户”形成族体。“赫哲”作为族称，最早出现的官方文献是《清圣祖实录》，赫哲是东方、下游之意。现在，全国共有赫哲族集居地四处，分别是同江市街津口赫哲族乡和八岔赫哲族乡、饶河县四排赫哲族乡和佳木斯敖其镇的敖其村。

清政府刊刻的《皇清职贡图》局部

由于《中俄瑷珲条约》《中俄北京条约》的签订，对赫哲族的发展造成了严重后果。这两项条约的签署，使得一部分世居黑龙江以北、乌苏里江以东的原属于中国境内的赫哲族被划归为沙俄的管辖区。赫哲族先是被分割为中国的赫哲族和俄国的那乃人，而后，俄国境内的赫哲族又被分割为那乃人与乌尔奇人两部分。那乃人，也就是俄罗斯境内的赫哲人，主要居住在哈巴罗夫斯克边疆区的那乃区、阿穆尔区、共青团区、乌尔奇区，另外一小部分居住在滨海边疆区和萨哈林岛，是俄罗斯远东地区人口最多的土著民族。 经过百年的隔离，时今那乃族与赫哲族仍有许多相似之处。在服饰方面，同赫哲族一样，那乃族也曾穿着鱼皮、兽皮服饰，这些服饰的制作工艺和服装样式与赫哲族的相同，但布制的那乃族服饰较为古老、传统，比较之下，赫哲族服饰有创新、有传承，集现代与古老于一身，极富特色。

赫哲族供奉的面具

赫哲人生活场面

松花江下游的赫哲族

赫哲族公园里的雕塑

赫哲人的冬猎

赫哲族的特色

赫哲族由于历史、居住地域而产生的特点较为明显,从文化、生产、节日、饮食、礼仪、婚俗、宗教信仰到服饰、舞蹈、民歌、禁忌、娱乐等都有别于其他民族。

“衣鱼兽皮,陆行乘舟”是过去赫哲人渔猎生活的写照。赫哲族是一个渔猎民族,并且是北方少数民族中唯一曾以渔业为主的民族。鱼皮制衣酒敬神,狗拉雪橇是赫哲族的特色。

赫哲族饮食特色“鱼刨花”

赫哲族特有的熟鱼皮

赫哲族少年划着桦皮船

赫哲族的语言文字

目前，赫哲族能用本族语交际的只有十几位60岁以上的老人，绝大部分人都已转用汉语。赫哲族本民族的文字已遗失了，只有民间文学。但作家文学是建国后才发展起来的。

俄罗斯境内的赫哲族使用基里尔字母拼写赫哲语，至今伯力仍有13所学校教赫哲语。

赫哲族儿童在学习音标

俄罗斯境内的那乃族

在艺术方面，那乃族也同样弹奏口弦琴、跳萨满舞、唱嫁令阔，特别是那乃族对传统文化艺术的传承非常值得我们学习，他们从小就会跳民族舞、唱民族歌曲、说民族语言。在宗教信仰上，那乃族与赫哲族相同，都信仰萨满教，信奉天神。近百年来，由于生活在不同的国家，那乃族和赫哲族之间的发展也表现出了差异。在教育方面，由于前苏联现代化建设起步较早，那乃族的文化教育程度较高，对那乃语的保留极为重视，学校专设那乃语音教室，自编那乃语教材，采用俄语标音的形式教学。那乃族极为重视民族工艺的传承与发展，在小学就开设了民族工艺手工制作课。那乃族曾出过很多音乐家和很多英雄。在住房上，因为俄罗斯具有丰富的森林资源，所以那乃族的住房都是用木板建成的房屋，外面雕刻各种花纹，极具民族特色。在美术方面，那乃族曾出过很多画家，和赫哲族相同的是他们也有手绣图案和桦皮工艺品，比较之下，那乃族工艺美术更传统，更富民族风情。

俄罗斯境内的那乃族少女

赫哲族的文化

赫哲族的物质生活

赫哲族的出行习惯

狗拉雪橇(赫哲语称为“拖日科衣”)是赫哲人主要的交通工具。经过训练的狗,每只可拉 70 公斤左右重物,日行 100~150 公里。狗是赫哲人的好帮手,它们在运输、狩猎、看家、保护主人等方面发挥着重要作用,故历史上赫哲族又被称为“使犬部”。

狗拉爬犁

鱼皮画《狗拉爬犁》

赫哲先民冬季用狗拉雪橇、滑雪板、马爬犁等。狗拉雪橇少则套三四只狗，多则套几十只狗，在莽莽雪原上疾行如飞，日行百多公里，蔚为壮观。狗是赫哲人狩猎、骑乘和驮运物品不可缺少的朋友。滑雪板为赫哲人的狩猎发挥了重要的作用。赫哲人擅长穿滑雪板在冰天雪地上跟踪追逐野兽，滑起来旋转自如，疾驶如飞，人们用“骑木马窜山跳涧，穿花鞋翻江过河”来形容赫哲人民的勇敢矫健。

夏季用桦皮船(乌莫日沉)、舢板船、独木舟(乌同格衣)、“快马子”(威呼)等。桦皮船大则需十余人划桨，轻便的如“桦皮快马”船，一人即可扛起，划行灵巧，是叉鱼和传递信息的得力助手。捕鱼的时候，船成为便捷的交通工具，在乌苏里江上大显身手。

如今实用的桦皮船早已绝迹，成了偶尔可见的工艺品。

赫哲人驾独木舟(乌同格衣)捕鱼前的祭祀活动

赫哲族的住宅

赫哲人的住处都选择在沿江两岸向阳的高处，便于捕鱼和接近猎场。“卓”（马架子房）、“胡如布”（小型地窖子）、“希日兔克”（大型地窖子）和“撮罗昂库”（尖形的窝铺）等，都是赫哲人捕鱼、狩猎时的临时住所。出于职业性的游动，须随时迁移搭盖。

“撮罗昂库”首先用长约一丈，直径约二三寸的杆子，少则十几根，多至几十根，支撑起架子；然后从底部用茅草一层压一层地苫盖好，形同蓑衣，也有用桦树皮围在四周的。它的里面东、西、北三面搭铺，北面是上位，是老年人的睡处，东、西两侧是青壮年坐、卧的地方。

赫哲人住的“胡如布”，是寒带居民较原始简陋的住所。“胡如布”是向地下挖进约三尺深的坑，坑的大小依住人多少而定，坑顶一般用一二根粗壮的大木头做梁，搭上檩子、椽子，支起楔形架子，上铺箔条或盖树枝，顶盖培上五六寸厚的土，然后再苫草。向阳的南面开门，门旁也有一个小窗子，用以透气和采光。早年，他们惯用鲔鱼皮糊门窗。“胡如布”里面搭火炕，也有搭板铺的。

建筑在平地上的房屋叫“卓”（马架子房），其搭盖的方法与一般住房基本相同。不同的是，“卓”的山墙都是向南背北，房门开在南山墙上，门的两侧各有一扇窗子，房内东西两边搭火炕，厨灶设在火炕的南端。房内搭南北相对的两铺火炕；西炕只能摆设箱柜，将祖先、神灵悬挂在这里，以示尊重，不能随便住人。

一般人家都在自己住宅的东侧或西侧搭盖“塔克吐”(鱼楼子)。它是用四根或六根支柱做腿，离地三尺多高，支起小房架子，周围用柳条编成篱笆墙，里边可放鱼肉干、兽肉干、粮食及捕鱼工具等。

赫哲族住房模型

赫哲族住宅“撮罗子”

赫哲族住宅“木刻楞”

赫哲族住宅的内部结构

饮食习惯

赫哲族分布在中国东北黑龙江省的黑龙江、乌苏里江和松花江沿岸，是中国北方唯一的依靠渔猎为生的民族。从古至今“夏捕鱼作粮，冬捕貂易货”，只有少数人兼营农业生产。渔猎经济，决定了赫哲族的物质文化和饮食特点。捕鱼和狩猎是赫哲人衣食的主要来源。赫哲人喜爱吃鱼，尤其喜爱吃生鱼，赫哲人一向以“刹生鱼”为敬。这一习俗沿袭至今，显示了这个民族与其他民族的不同特点。

赫哲族有吃生鱼的习惯。从鱼皮、鱼子到鱼肉、鱼脆骨都有生吃的妙法。刹生鱼、炒鱼片、烤生鱼（塔拉哈）、炒鱼毛、刨花鱼片，成为食鱼的传统习俗。传说过去客人光临时，渔民们为考验他是不是真正的朋友，拔刀从活蹦乱跳的鱼身上割下一块肉，用刀挑起递给他，如果客人从刀上咬下鱼片吃下，那就会得到热情的款待；否则，就别想登家门。

赫哲族著名菜生鱼

炒鱼毛子 赫哲族古老的习俗，打鱼季节在江边支上一口特大号的大锅，江水炖江鱼，全村的人来吃。边吃边添，吃也吃不完。剩下大半锅鱼肉不管怎么样也是江山灵物，哪能糟践！于是往锅里加鱼油，往锅下加柴火，用大铁锹翻炒，一边炒，一边往外挑刺，把肥美的鲜鱼肉炒成黄黄的鱼毛。此法制作的鱼经三伏过数九，不变味不变质。

赫哲族著名菜炒鱼毛子

刨花 赫哲语称为“苏拉卡”，是赫哲人冬季吃生鱼的一种方法。先将冻鱼的皮用刀削掉，渔民们将冻鱼削成薄如刨花的鱼片，拌上土豆丝、绿豆芽、粉丝，再加上调料食用，又香又脆。

赫哲族著名菜刨花

刹生鱼 “塔拉卡”就是刹生鱼，这是用来招待客人的上等菜。“塔拉卡”是用鲤、鲩、鲟、鳇、鳙等鱼加菜和调料制成的清香爽口的佳肴，反映了赫哲人的热情好客。

赫哲族著名菜拌生鱼的做法：

1.鲤鱼收拾干净后，片去鱼皮，剔去鱼骨，将净肉切成细丝；

2.土豆去皮洗净切成丝；

3.粉丝用水发好；

4.绿豆芽择洗干净；

5.白菜心去掉外帮留其心也切成丝；

6.将土豆丝、粉丝、绿豆芽、白菜心丝下入沸水锅中氽至八成熟，捞出沥净水；

7.将鱼肉丝、土豆丝等全部主要原料放在一起，放入调味料拌匀，装入盘内即成。

赫哲族著名菜拌生鱼

莫温古饭 莫温古饭是用鱼肉或兽肉同小米一起煮熟加盐做成的稀饭。

现在赫哲族与汉族相同，绝大部分人家均吃馒头、饼、米饭和各种蔬菜。

赫哲族鱼宴

"塔拉卡"的传说

"塔拉卡"就是刹生鱼。传说，这道名菜是由一位赫哲族妇女传下来的。从前，有个刚过门的新媳妇，聪明美丽，啥也难不倒她。有一天，老公公给她出了一道难题，让她做的鱼看是生的，吃又是熟的。于是她挑了两条新鲜鲤鱼，飞刀剔下鱼肉，切成鱼丝，放在桦木盆里，用醋泡上。然后把鱼皮往火上一烤，一抖落，鱼鳞全掉了，鱼皮烤得焦黄脆香。她把鱼皮也切成细丝放在桦木盆里，再加上点佐料一搅拌，一大盆刹生鱼就做好了。老人家一吃，连连夸奖。这样，杀生鱼的做法便流传了下来。

赫哲族独特的食鱼法还有鱼条、鱼干、鱼松等。

赫哲族著名菜刹生鱼

鱼松、鱼干

赫哲族独特悠久的渔猎文化

狩猎与渔业相比，虽然不占主导地位，但对于赫哲人来说却是不可或缺的行业，而是经济收入的重要保障。住在松花江中下游的赫哲人，以猎取鹿茸、鹿胎为主，以捕获各种细毛兽为辅；住在乌苏里江流域的赫哲人，以猎取貂、貉等细毛兽为主，以捕获狍、鹿、熊、虎等大野兽为辅。

捕鱼和狩猎是赫哲人衣食的主要来源。赫哲人喜爱吃鱼，尤其喜爱吃生鱼。他们不仅以鱼肉、兽肉为食，穿的衣服也多半是用鱼皮、狍皮或鹿皮制成的。这种几千年延续下来的独特的生活习惯形成了赫哲族独特的渔猎文化。

良好的自然环境和丰富的生物资源为赫哲人提供了丰饶的物产。历史上，赫哲人捕鱼只限于自行消费，传统的捕鱼工具(比如传统的渔网、渔钩、渔叉以及小船等)捕鱼的效率也较低。而且赫哲人信奉萨满教，一直对自然怀有敬畏和感激之情，从来不对自然过分索取，几千年以来，赫哲人一直与自然和谐相处。

赫哲族渔民在乌苏里江边叉鱼

赫哲族捕鱼丰收场景

赫哲族民间画家尤永贵描绘捕鱼场景的画

赫哲族的精神生活

赫哲族文学

赫哲族民间文学丰富多彩，有着悠久的民族传统文化，神话、传说、民间歌谣故事等，一代又一代地流传下来。赫哲族神话，如《莫日根射日》《月亮》《北斗》《彩虹》《山神的传说》《虎的传说》等，具有鲜明的民族特色。

“伊玛堪”是赫哲族特有的一种说唱文艺形式。赫哲人常在猎场、网滩或渔村土筑茅屋里说唱。“伊玛堪”以讲唱古史和英雄故事为特色。“伊玛堪”说一段唱一段，不用乐器伴奏。大部头的“伊玛堪”要说唱很多天，小部头的也得唱几天，故事情节生动、形象、形式自由。“伊玛堪”的内容，有的歌颂英雄事迹，有的讲述青年男女纯真的爱情。据调查赫哲族民间保存的“伊玛堪”作品有 40 余部，已采录的有《希尔达鲁莫日根》《满斗莫日根》《满格木莫日根》《安徒莫日根》《香叟夏日丘莫日根》等十余部 。

此外，“说胡力”和“特伦固”等形式在民间也很盛行。“说胡力”是以讲述故事为主的文学，内容包括寓言、童话、神话等各种体裁，形式活泼，短小精悍。它通常是由老人给儿童们讲述，进行启蒙教育。“特伦固”内容多为传说，如《天鹅姑娘的传说》《金鹿的传说》等。

赫哲族艺术团在表演“板凳舞”

赫哲族艺人吴明新在表演“伊玛堪”

礼仪文化

赫哲族的礼节很多。老年人或亲友长辈进屋，晚辈不能坐着，要把座位让给长辈，自己侍立一旁；老年人未睡下，晚辈不能先睡；平时晚辈见到长辈，必须向长辈打招呼；小孩子不能与老人同桌吃饭，更不能与客人同食；晚辈外出归来，要给老人磕头，老人吻儿子的脸、嘴或脑门；平辈之间也要屈膝问安；儿媳要给客人装烟倒水。赫哲人关心和帮助别人的利益和需要，就像自己的家事一样。如果去捕鱼，他们会把捕鱼工具无代价地借给没有捕鱼工具的人；在捕鱼丰收之后，他们又主动把一份鱼分给没有捕鱼能力的人；如果去打猎，他们也会把狩猎工具借给没有猎具的人，并且把肉分给没有打猎能力的人一份。老年丧子或幼年丧父的，首先由近亲供养他们，如果没有近亲，那就由同氏族的人供养他们，这些人会像对待自己的亲人一样对待他们。

赫哲人在饮第一口酒前，要用筷头蘸少许酒甩向空中和洒向大地，以示敬祖先和诸神。

赫哲族的礼仪场面

赫哲族禁忌

赫哲族禁忌很多，代表着他们长期渔猎生活习惯和对自然的敬畏心里。例如，捕鱼者若家有丧事，到捕鱼场后，须在网滩上架起一堆火，从火上跨过，以熏晦气。捕鱼期间忌说怪话、谎话，否则触犯神灵，空网而归。

该族笃信"万物有之"的原始宗教观念，对他们所信奉的"山神""河神""树神"等"自然之神"处处小心敬奉，唯恐不慎得罪而招致灾祸。忌捕杀飞投住室的雀鸟，信其为亡者之魂所变，有飞来投室者是其灵魂要"转世"。若捕杀之，则有不育之祸。忌以皮革物陪葬，认为如是则死者亡灵不能升天，也不能再转生为人。

赫哲族民间画家尤永贵绘制的赫哲人忌讳事宜的画

赫哲族节日

赫哲族春节　赫哲族一年中最欢乐的节日——除夕。赫哲族春节，赫哲语为“佛额什克斯”，即大年除夕之意。节日期间人们穿上在帽耳、衣领、袖口、裤腿、围裙、鞋面上绣着美丽的花纹、几何图案和花鸟等花边的兽皮服装。在春节里，一般人家要做“吐火宴”，或用一种野生果“稠李子”制作成饼子，同时摆满鱼肉、兽肉等食品。对待贵客，则用杀活鱼或把鱼条烤熟的方式招待。热情好客的赫哲人摆下“鱼宴”款待客人，用当地产的各种鱼类制作各式菜肴，以鲜红、透明的大马哈鱼子制作的菜肴最为鲜美。酸辣风味的“踏拉长”（生鱼）、味香酥脆的“炒鱼毛”和透明鲜红的大马哈鱼子，味道十分鲜美。节日里还必须吃饺子和拌菜生鱼，饮酒，每餐均不能吃剩菜剩饭，把剩饭存起来，待到过完春节后再吃。令人尊敬的民间诗人们在新春佳节，用诗歌把美好的祝愿献给大家。老人们向他敬酒，听他讲故事，尽兴而归。

赫哲族的春节

孩子们身着盛装庆祝节日

赫哲族河灯节 每年农历 7 月 15 日为赫哲族的传统节日河灯节，它是由“盂兰节”“中元节”逐渐演变而来的，也称为“鬼节”，是赫哲族祭奠先人的传统日子。俗话说，“七月半，鬼上岸，放河灯，烧香秉烛祭河神”。就是说这一天，夜幕降临时人们将自己制作的各式各样的河灯点亮一起放到江中随波而去，以此寄托对先人的怀念，并祈祷先人对子孙的保佑。放逐河灯，其景十分壮观，五彩缤纷，满江辉煌。赏灯之后，便是彻夜的文艺表演和山歌比赛。河灯节是赫哲族的民间传统节日，世世代代靠捕鱼为生的赫哲人，年年都在农历的 7 月 15 日放河灯、祭河神，以此来祈祷、祝福族人平安、捕鱼丰收。

赫哲族传统节日“河灯节”放河灯的场面

赫哲族乌日贡节　赫哲人也过春节、元宵、清明、端午、中秋等节日，如今，赫哲族有了自己的民族节日，这就是乌日贡节（农历5月15日），源于1985年6月的赫哲族首届乌日贡大会。乌日贡节这天，人们穿上节日的盛装，吃着鲜美的杀生鱼（塔拉克），竞技各种传统体育游戏，载歌载舞，尽情地欢乐。“乌日贡”赫哲语是“喜庆吉日”之意。这是集赫哲族民间文化、体育项目为一体的赫哲人民的节日盛会。此时，正逢松花江、黑龙江、乌苏里江鱼类繁殖期，为了保持水产品资源的生态平衡，三江停止捕捞，即歇网期。节日的白天主要是体育竞技，比赛项目都是与赫哲人的渔猎生活有关的。

叉草球最具特色，是叉鱼技术的陆上业余训练。草球用湿草捆扎而成，玩法有两种：一种是把多个草球扔出一定距离，参赛者站在同一条界线上，轮流用近2米长的三齿木杈投叉，多中者为胜；另一种是分两队，甲队先把球抛向空中，球落地前乙队若能叉中，就前进一定的步数，否则后退同样的步数，再由乙队发球甲队叉，先到终点者为胜。

乌日贡节热闹的场面

赫哲族舞蹈

赫哲人的先民能歌善舞,其民间舞蹈质朴、欢快、节奏鲜明,具有浓郁的地域特点和民族特点。赫哲族世代生活在白山黑水之间,幅员辽阔的三江平原和绵延神秘的完达山,以及传统的渔猎生活,赋予了赫哲人舞蹈的灵性。在生产劳动过程中,在自然环境的影响下,赫哲人创造了具有自己鲜明特色的民间舞蹈。

描绘赫哲族舞蹈的艺术作品

赫哲族民间舞蹈主要包括萨满舞和天鹅舞两种形式,反映的多为祭祀活动及狩猎活动。萨满舞在很大层面上来源于赫哲族的宗教信仰。萨满,满语意为由于兴奋而狂舞的人。赫哲族的先民自古以来存在着万物有灵的观念,因此赫哲人有自然崇拜、图腾崇拜和灵物崇拜等习俗。在众多的崇拜仪式中,形成了独特的萨满民间舞蹈。

跳鹿神是赫哲族萨满祭祀的代表性舞蹈。在每年的三月三和九月九,赫哲族村民都要举行跳鹿神的活动,仪式甚为隆重。其用意是萨满为全村百姓祈福消灾。

萨满舞是萨满巫师在祭祀、驱邪、祛病活动中的舞蹈。萨满舞表现出原始宗教信奉万物有灵和图腾崇拜的内涵。舞蹈时，巫师服装饰以兽骨、兽牙，所执抓鼓既是法器又是伴奏乐器，有的头戴鹿角帽、熊头帽或饰以鹰翎，动作多模拟野兽或雄鹰。到20世纪中期，在中国的北方十几个民族中还有遗存。萨满舞在祷词、咒语、吟唱和鼓声中进行，充满神秘色彩。

黑龙江省双鸭山市饶河县的赫哲艺人葛云霞跳萨满舞

赫哲族的音乐

赫哲族音乐有“伊玛堪”(说唱形式)、“嫁令阔”(民间小调)、宗教音乐和舞蹈音乐等。

“伊玛堪”是深受赫哲族喜爱的演唱形式,内容多以英雄传说故事为主,也有旌善惩恶的社会性题材。其演唱形式是一个人说唱,没有伴奏乐器,曲调多属自由体,没有固定节拍,故事中各种人物都有各自的唱腔,从不混用,演唱时多以衬词“啊郎”开头。开始多在高音区进行,旋律性较强,随后转为吟咏式的演唱,结尾时歌唱性又加强。

嫁令阔是赫哲族民间歌曲的总称,有情歌、叙事歌、生活歌曲等,以情歌居多。赫哲族民歌的一个显著特点是男女分腔,互不混唱。演唱形式多为独唱,偶尔也有对唱,曲式多为单乐段结构,节拍节奏规整,常用五声音阶,徵、宫、羽调式,很少用变化音,曲调婉转流畅。

宗教音乐的鼓是萨满活动的主要“神器”之一,用不同的鼓点伴和萨满活动的全过程,采用五声音阶羽调式,常有八度大跳,节拍不固定,类似舞蹈音乐。

《天鹅舞曲》在赫哲族民间广为流传,结构较严谨,旋律起伏有致,表现了天鹅飞翔时悠然自得上下翻越的美丽形象。

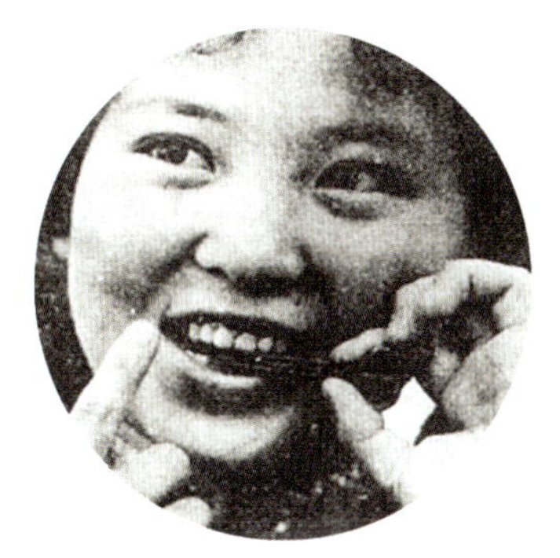

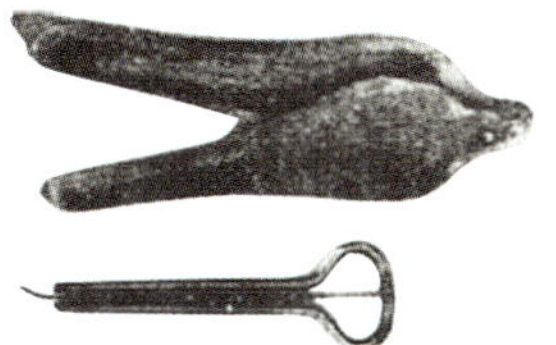

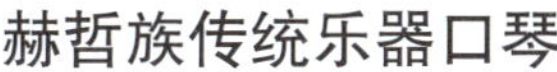

赫哲族传统乐器口琴

赫哲族民间乐器——口弦琴

《乌苏里船歌》 这是一首充满生活气息的东北民歌，反映了赫哲人民过上幸福生活，欢快，甜美，心情格外舒畅的革命歌曲。20世纪60年代，著名歌唱家郭颂以其高亢悠扬的旋律唱响了神州大地。

歌唱家郭颂表演赫哲族民歌《乌苏里船歌》

赫哲族的美术

赫哲族传统的绘画主要有服饰图案、桦皮器皿图案、风俗绘画等。服饰图案主要有兽形图案、旋涡纹、菱形纹、螺旋纹等,其中螺旋纹图案最多,一般用于装饰胸巾以及袍子的后身和前襟。在桦树皮制品上,也绘有类似的装饰图案或花纹。这些图案造型别具一格,构图大方,色彩鲜艳,具有鲜明的民族特点。

风俗绘画生动地展现了赫哲人早年渔猎生活风貌,他们的衣食住行、宗教仪式、婚葬仪式、节庆状况、信仰习惯等在风俗绘画中得以完整再现,是我们研究赫哲族文化艺术的珍贵资料。街津口民族乡 77 岁的渔民画家尤永贵绘画的一百多幅画大多数都是风俗画。

赫哲族传统纹理图案

岩画是古老的画在岩石上的画，如黑龙江畔萨卡奇－阿梁村地方的岩石上就保存着反映赫哲族早期的岩石画。其中一幅上面画有火光、蛇形、日头等，这是原始宗教艺术的杰作，是赫哲族祖先精神生活的真实记录。还有画狩猎场面的岩画，其中的人、奔马、动物被画得栩栩如生，十分动人。

岩画

赫哲族造型艺术发展较早，主要包括图案、剪纸、雕刻，具有悠久的历史，具有本民族的特色，它们源于生活，实用性强，为广大民众所喜爱。

图案艺术是赫哲族造型艺术中应用最广泛的，人们早年穿的衣服鞋帽，用的被褥，都绘有各种各样的图案，有的是用各种颜色的布块或染色兽皮剪成各种等块，然后拼凑成对称的几何花纹、云彩纹、鱼鳞纹和波浪纹等；有的是用彩线绣成各种云纹、花草、蝴蝶、小动物等。赫哲人喜欢用这些艺术作品做成被褥、坐垫、妇女和儿童服装，既结实又美观。

赫哲人擅长剪纸艺术。由于他们长期过着渔猎生活，熟悉各种鸟类、野生动物、花草树木，常常用自己灵巧的双手，把纸剪成如同展翅翱翔的飞鸟，狂奔驰骋的动物，栩栩如生的花草树木等。

赫哲族的雕刻甚为精细，主要在船或住房、帽、摇车、箱子及各种日用器皿上，采取阴阳刻或点线结合雕刻云纹、花草、鸟兽、鱼虫、山川、树木等，非常美观。

赫哲族先人剪镂图案

赫哲族民间艺术家尤永贵绘制的反映民族生活的风俗画

赫哲人夏季捕鱼　赫哲人冬天钓鱼

赫哲人住宅民居　赫哲人拉网打鱼

赫哲人远古生活状态的岩画

具有鲜明民族特色的赫哲族传统图案

俄罗斯境内那乃族的画《渔猎》

俄罗斯境内那乃族的画《家居》

俄罗斯境内那乃族的画《萨满》

赫哲族的家庭生活

传统婚姻

自古以来实行氏族婚外制，同氏族的男女禁止结婚，但是人数众多而起源各异的不同分支之间，有时可以通婚。婚姻形式是一夫一妻制，但也存在一夫多妻制。

在男女青年订婚的过程中，要摆酒宴宴请双方的长辈和媒人。赫哲人的婚礼热烈庄重，大多在黎明举行。送亲时，新娘由兄嫂或姐夫抱上搭着彩棚的雪橇或彩车。出门时，新娘要哭泣，表示对娘家的惜别。送亲队伍带着陪嫁物品陪伴新娘到婆家。迎亲时，男方的老人要向女方的老人敬三杯酒。婚礼上，新郎穿袍，在袍上披红挂绿，新娘穿红袄、红裤，辫子由单辫改梳双辫，挽抓髻盘在脑后，头上戴花，然后用红布盖头。摆酒畅饮，拜天地、入洞房后，由亲友中的老人手持用三条红布捆扎在一起的三根芦苇，向新娘训话，要求新媳妇孝顺父母，尊敬丈夫，待人和气，好好劳动，勤俭过日子。拜祖宗三代、灶神后，新娘在炕上面壁“坐福”，直到送亲的人们吃完酒席离去，才下炕和新郎共吃猪头、猪尾。新郎吃猪头，表示家里由男人领着；新娘吃猪尾，表示妻子跟随丈夫和睦过日子。新婚之夜，新娘新郎一起吃面条，表示夫妻情意绵绵，福禄长寿。

婚后第一天做媳妇的还要早起拜见公婆，敬茶以及做些家务，赫哲人一般通过制作的食物来衡量娶回家的媳妇是否聪明能干。

另外，赫哲人还有换亲、抢婚、养童养媳等结婚形式。新中国成立后，这些习俗已渐渐地被淡忘了，赫哲人与汉人的结婚习俗已无大异。对于寡妇来说，为前夫守过孝后就可以再嫁。

赫哲族还有一个一直都流传的手势。如果一名男子背对着一位女子举起右手的食指，那就代表着这名男子这辈子非她不娶。

由父兄带着新娘前往新婚的家

新郎拜见长辈时的跪拜礼

赫哲族传统婚礼场面

赫哲族的丧葬

赫哲族有祭灵礼，是暗示灵魂不灭观点的反映。赫哲族习俗认为人死后，其灵魂仍然存在，一年之内在家显灵，在外则守坟，因此要供灵、祭坟。周年后，应由萨满送它入阴间，才不会变为鬼。为死者“送魂”是赫哲族的一件大事，因为这是活人与死者灵魂的最后告别仪式。这种“送魂”仪式，如果在夏天，就在外面搭起棚子，如果是冬天，就在屋里进行。其具体做法是：由萨满做木人代表死者，给木人穿上衣服，然后上供、点香、烧纸，之后萨满跳神，并请来“阔力神”（形如鸟状，此“阔力神”可往返于阴间，萨满从阴间回来，也骑着它）帮忙。到第三天晚上，萨满来到外面，用弓射出三支箭，给死者灵魂指示方向，然后在萨满的陪伴下，把灵魂送走。

赫哲族原萨满教还认为，人死后，他的灵魂要将生前走过的路重新走一遍，男的要走七天，女的要走九天，然后再归来。在出魂之日死者的灵魂随“勾魂鬼”回到他所来的地方，再转入所生的人或动物中去。基于这种观念，赫哲族在死者入殓之后，男子的第七天晚上，女子的第九天晚上，要迎接死者的灵魂归来。在死者生前所睡的地方铺好特别的褥子，放上特别的枕头，摆得像死者生前睡觉一样，表示死者又回来睡觉了。如果死者生前抽烟，则在烟袋中装入烟叶，放在枕头旁边。此外，为了验证死者灵魂是否回来，还在床边摆放一供桌，上供食物，还斟上一杯酒，如果第二天早上看到杯中的酒少了，就认为灵魂已回来过。

赫哲人的丧葬仪式有“二次葬”的遗风。狩猎时死于山林者，用桦树皮或树枝裹尸，架于树上，也称为“树葬”，二三年后再行土葬。死于家中 3 日后埋葬。无棺，挖一个长方形的土坑，四周砌原木，上边搭棚盖，培土成冢。尸体屈膝仰卧于墓中，死者生前用过的一切器具作陪葬品。后来受满族和汉族的影响，开始使用棺木。小孩死后不能埋葬，认为灵魂弱小，埋于地下无法出来，所以实行树葬或用桦树皮包裹起来，置于离住处较远的树林或山坡上，施行祈子礼。赫哲族旧时认为，小孩死后，其灵魂先变成麻雀，再转生为人。

描绘赫哲族土葬、送魂的场面

葬俗:跳神送魂

赫哲族的姓氏

我国清政府刊刻的《皇清职贡图》中出现了今天赫哲族的三个组成分支——“奇楞”“七姓”“赫哲”。“奇楞”的意义和来源有“与鄂伦春同源说”和“姓氏说”等几种。黑龙江省赫哲族最古老的氏族有特尔吉尔、卡尔特吉尔、巴亚吉尔、卡尔他吉尔、巴力卡吉尔、库奇吉尔、贝尔特吉尔七个姓氏。随着社会发展各氏族又分化出两个或两个以上氏族（女儿氏族）。赫哲族的姓氏绝大部分是从住地、山川、河流名称而来的，也有的起源于兽名或某种物品名称。赫哲族姓氏与原氏族有亲缘关系。原氏族称姓氏时要在姓氏后面加“哈拉”。受汉族姓氏影响，其单字姓氏有的是从其姓氏第一个字音转来的，有的是从其姓氏意转来的。例如，毕来源于“毕日达奇哈拉”“毕拉哈拉”或“毕拉坑卡哈拉”，意指住在河边的本氏族人。还有一些姓氏是改姓随姓而来的，如富锦大屯张凯喜，其祖父为清朝“拨什库”（官名），父亲为“哈番”（官名），姓“毕拉哈拉”，民国初年，写其祖父姓氏时，执笔人认为语长音杂不好写，便对他说，人家称你家是“瞻仁大人”（官名），你就姓“瞻”吧，后“瞻”音转为“张”，赫哲族的张姓便由此而来。

赫哲族的姓氏演变过程：吴姓—付姓—赵姓—董姓—舒姓—尤姓—卢姓—毕姓—葛姓。这些姓氏都是清末以后才将姓氏改得简短一些，其实赫哲族的姓氏，也像满族那样，也有很长的姓名。例如，吴——吴日米哈拉，傅——傅特卡哈拉，赵——哈普都，董——董抗哈拉，舒——舒木鲁哈拉，尤——尤克勒哈拉，卢——卢热勒哈拉，毕——毕日达奇哈拉，葛——葛依克勒哈拉，具有鲜明的特点。

赫哲族生活、庆祝节日的一组老照片

赫哲族的“伊玛堪”

赫哲族“伊玛堪”是赫哲族的曲艺说书形式，流行于黑龙江省的赫哲族聚居区。据现有资料，它在清朝末年民国初年就已经形成。

“伊玛堪”的唱腔音乐具有鲜明的民族特色，因流行地和艺人的不同，所采用的唱腔曲调也各有区别，常见的曲调有“赫尼那调”“赫里勒调”“苏苏调”“喜调”“悲伤调”和“下江打鱼调”等。

“伊玛堪”是赫哲族口传的叙事长诗，现有 50 多部典籍，被誉为北部亚洲原始语言艺术的活化石。它讲唱部落战争、民族兴衰、维护民族尊严和疆域完整的英雄故事，赞颂纯真的爱情，还讲述萨满求神及风俗民情。“伊玛堪”没有乐器伴奏，说一段唱一段，语言合辙押韵。一般的故事都比较长，一唱就连续好几天。赫哲人民喜爱音乐，善于唱歌，有许多民间歌曲流传。赫哲族歌曲优美舒展，旋律奔放。“伊玛堪”的代表性作品有《什尔达鲁莫日根》《满格木莫日根》《木竹林莫日根》《英土格格奔月》《亚热勾》《西热勾》等。2011 年 11 月 23 日，在巴厘岛举行的联合国教科文组织政府间保护非物质文化遗产委员会第六届会议上，中国申报的“赫哲族伊玛堪说唱”被列入《急需保护的非物质文化遗产名录》，成为继羌年、中国木拱桥传统营造技艺、中国木活字印刷技术等之后中国的第七个入选项目。

“伊玛堪”传承人吴宝臣在表演“伊玛堪”

“伊玛堪”的每一部作品，都充满了浓郁的森林草原气息，并使用了植根于人民的口语，简洁明快，浑厚朴实，读起来朗朗上口，富于节奏感。它充分反映了世代居住在三江流域的赫哲狩猎部落古代生活的某些横断面，对研究我国北方通古斯语系各民族的源流宗教信仰具有重要价值，为语言学、历史学、民族学、社会学、民俗学等社会学科提供了丰富的艺术研究空间。

赫哲族艺术家吴明新在表演“伊玛堪”

赫哲族艺术家吴宝臣在表演“伊玛堪”

赫哲艺人葛玉霞在表演“伊玛堪”

尤文凤在表演“伊玛堪”

赫哲族传统吉祥纹样

赫哲族传统吉祥纹样是中华民族文化艺术园地中一朵美丽的奇葩，从图腾崇拜和自然崇拜的角度表现了赫哲族吉祥纹样的文化内涵，以龙纹样、人鱼结合纹样和氏族树纹样为例，从自然物向吉祥纹样的抽象美、重复组构的美、均衡统一的美三个方面总结赫哲族传统吉祥纹样的美学特征。

赫哲族吉祥纹样文化内涵

赫哲族的祖先逐水而居，在长期的历史演进中，创造和保持了自己特有的以渔猎经济为主，辅以狩猎和采集的经济文化类型，生产力水平较低。渔猎文化渗透到赫哲族社会的各个方面，赫哲族的精神生活、宗教信仰均有浓重的渔猎文化色彩。赫哲族先民认为天地山川、日月星辰、水火雷电、岩石草木、禽兽鱼虫以及每一活动都由专门的神灵主司，对飞禽走兽、花鸟鱼虫的生活特征与形状，对宇宙中日月星辰、风雨雷电等现象，充满了幻想与猜测。出于免灾避祸、祈福求安的愿望，诞生了祈福求安的吉祥纹样，这些吉祥纹样蕴含着该民族的风俗习惯、宗教信仰和美学观念等丰富内涵，且以其独特的艺术语言反映了该民族的情感生活与生命追求，展现了赫哲人祈求生存、繁衍和富足幸福生活的状态。艺术因吉祥而变得生活化，随着社会和经济的发展，赫哲族吉祥纹样逐渐走出图腾崇拜的阶段，也逐步生活化。

明信片上的赫哲族

具有图腾崇拜遗痕的吉祥纹样 万物有灵论是萨满教的基础，也是图腾崇拜产生的根源，赫哲族祖先对自然界现象的臆测造成了灵魂的思想，然后将它推衍到外界事物上，产生了对某种人、动植物的偶像崇拜，相信万物有灵，日月山川都有神灵主宰。原始的魂魄崇拜，是对人类自然状态的一种精神表达，这种精神表达是原始艺术发展的趋向，称之为图腾艺术。图腾是具有神秘色彩的特殊吉祥纹样，透过它，人们可以把不能预测的吉凶祸福寄托于一种冥想中的超自然力量。赫哲族的祖先在居住的自然环境中，臆想出一个神的世界，用神话认识世界，用图腾来反映世界，形成了最早的世界观，在服饰、绘画、雕刻、舞蹈等方面对图腾都有所表现，并逐渐演变为审美文化。在制造器皿时饰以具有某种象征寓意的图腾纹样，并希望这种带有图腾纹样的器物能带给人们好运。

传统鱼皮剪刻嬷嬷（作者：董萱）

具有祈吉纳祥和天人合一理念的吉祥纹样 自然崇拜是把自然现象、自然物和自然力视作具有生命、意志和伟大能力的神话对象而加以崇拜，祈求保佑风调雨顺，五谷丰登。树崇拜是赫哲族最原始的自然崇拜之一，古代赫哲族结婚礼袍上的纹样是氏族树纹样。氏族树是礼袍上诸多装饰图案中的主体图案，它既体现了对新娘的美好祝愿，也表达了新娘对未来生活的美好憧憬。氏族树纹样是采用包绣工艺刺绣的，包绣是鱼皮纹饰中效果最美观华贵的一种。把剪刻好的鱼皮纹样贴在衣物面料上，然后用彩色丝线按图案刺绣，把纹样绣在丝线与面料之间，形成略有凸起的浅浮雕般的彩色纹饰。氏族树的树木图案被简化和抽象化了，树叶向着树干中央聚合，以水纹和云纹为原型进行变化和组合，近似涡旋纹。整幅氏族树纹样造型生动，树根弧形相扣，树上装饰着鹿、鸟和牛等动物纹样，这些动物纹样共性是有着菱形或方形的头、椭圆的身子和弯曲削尖的腿，装饰性强。

赫哲族吉祥纹样的美学特征

以吉祥纹样为装饰题材，把简洁的纹样运用于各种器物装饰、建筑构件及服饰之中。吉祥纹样丰富多彩的造型与独特的美学内涵，是赫哲族先民自然萌发的神灵崇拜装饰，采用象征、比拟和寓意等多种手法，体现出人们的审美心理和情感追求。

自然物象吉祥纹样的抽象美 赫哲族本族的吉祥纹样注重抽象的美感，纹样图案抽象多于具体，不追求外在的、表面的像与不像，而是以意念造成的意象为基础，通过寓意、联想、象征等手法来表达对生活中美好事物的不懈追求，通过表象的渲染与意象符号寓意的交融，把各种鸟兽、鱼虫和花卉演变成了许多变化多端的吉祥纹样。

吉祥纹样的重复组构的美 赫哲族传统艺术造型往往不拘泥于某个自然物原型，常常是将具体的对象肢解后重新构成新的艺术形象，采取移花接木式的分解与组合的手法，将多种自然形象所具有的各种形式因素，分解之后重新加以组合，创造出既源于自然，又区别于自大的崭新的吉祥纹样。

吉祥纹样的均衡统一的美 赫哲族传承的吉祥纹样造型的主要方式包括对称与均衡、节奏与韵律、多样与统一，吉祥纹样巧妙地通过对称、均衡、节奏、韵律、多样和统一的美学法则会带给人们奇特的感受。

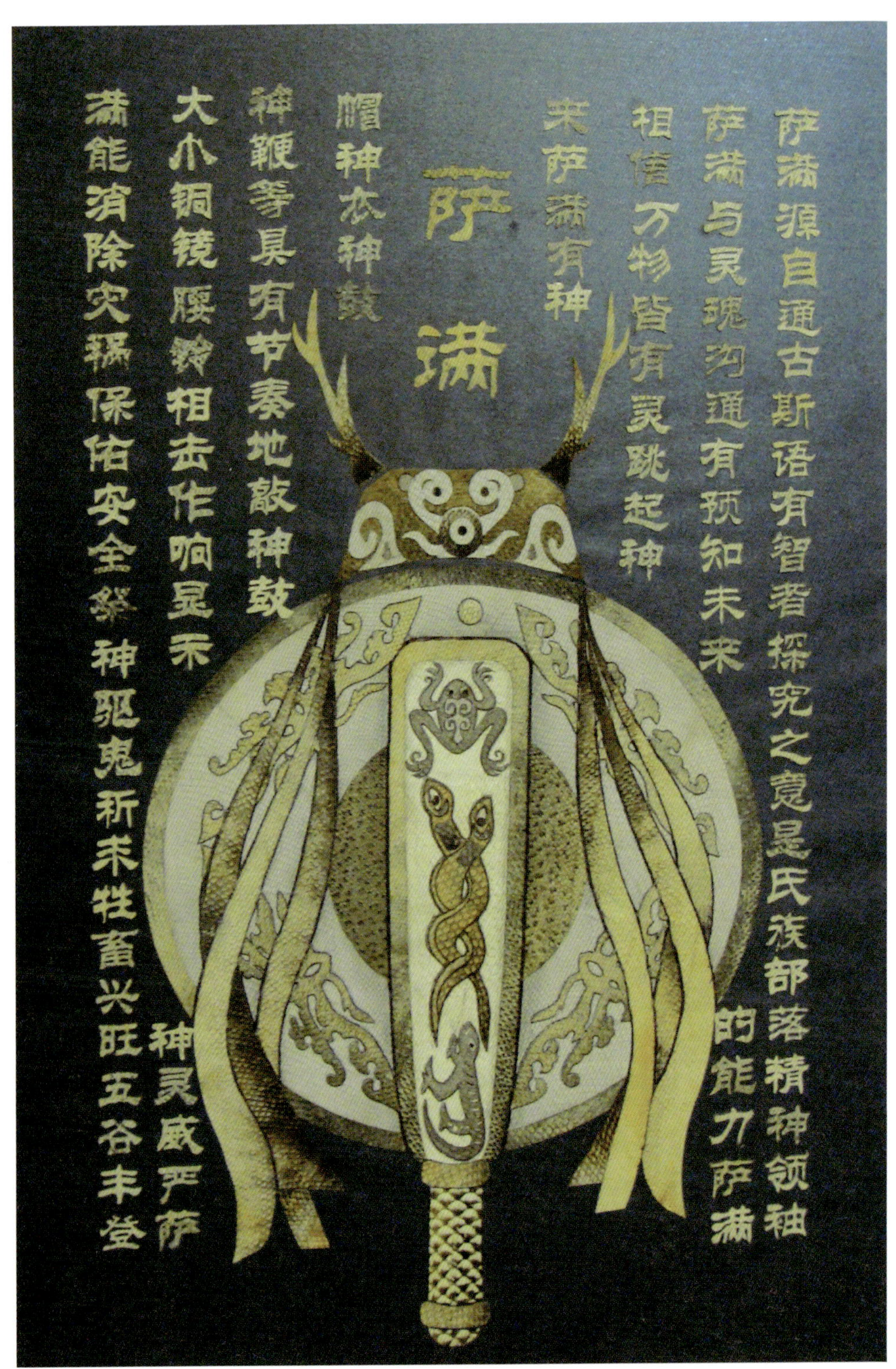
萨满源自通古斯语有智者探究之意是氏族部落精神领袖
萨满与灵魂沟通有预知未来
的能力萨满
相信万物皆有灵跳起神
来萨满有神
萨满
帽神衣神鼓
神鞭等具有节奏地敲神鼓
大小铜镜腰铃相击作响显示
神灵威严萨
满能消除灾祸保佑安全祭神驱鬼祈求牲畜兴旺五谷丰登

吉祥纹样《萨满》（作者：张琳）

祭司

祭司有着悠久深远的历史祭司仪式可以领导民众脱离苦难其中以日神为众神之主天上的日月星伴随着赫哲族先人气象的变化影响着古人生活的自然条件产生了对天体天象和气象神化的崇拜

吉祥纹样《祭司》（作者：张琳）

吉祥纹样《鱼皮部》（作者：张琳）

吉祥纹样《生命树》（作者：张琳）

赫哲族吉祥纹样的保护与应用

在历史的流转中赫哲人创造了自己沧桑的历史，赫哲人智慧地借助纹样传达着自身的情感，进一步演化出对生命的礼赞。赫哲族吉祥纹样不仅是该民族审美艺术中的一种主要形式，也是表达该民族情感最有力的形象语言，是在漫长的岁月中形成的民间艺术瑰宝。目前，赫哲族的吉祥纹样艺术急需科学的保护与开发。

赫哲族鱼骨画

赫哲族传统工艺美术作品按照材质分为鱼皮工艺品、桦树皮工艺品和鱼骨画工艺品三大类，鱼皮工艺品主要有鱼皮服饰和鱼皮画。这些赫哲族传统工艺美术作品具有独特的观赏价值和收藏价值，可以将赫哲族的吉祥纹样艺术通过制成工艺美术品、旅游纪念品、婚庆用品、商品包装和装潢装饰的途径而融入文化旅游事业中，具有巨大的经济潜力和极强的市场开发价值。

赫哲族鱼皮画

赫哲族传统图案分类

参照王英海老师和吕品老师出版的《赫哲族传统图案集锦》，赫哲族传统图案分为生产工具图案、生活用具图案、居室图案、桦皮盒图案、猎装图案、婚装图案、螺旋纹服装图案、服饰图案、帽子图案、鞋袜手套图案、装饰纹样图案、纹饰分类图案、雕刻图案、剪镂图案、铜配饰图案、萨满神具图案、萨满鼓具图案、萨满面具图案、神偶纹饰图案和神像画图案，共计 20 种。

赫哲族木刻图案——萨满

赫哲族传统图案应用在他们的生活中极具鲜明的地域特色，赫哲族崇尚水，敬畏水，所以以水为形的纹理随处可见。

赫哲族生活中传统的吉祥纹样

赫哲族传统图案《生命树》 (服饰中的应用)

刘升老师创作的赫哲族大幅鱼皮浮雕《还魂》

根据迟子建小说《额尔古纳河右岸》创作的萨满形象 （作者：张琳）

赫哲族的图腾纹饰

图腾来源于印第安语“totem”，意思为“它的亲属”“它的标记”。在原始人信仰中，认为本氏族人都源于某种特定的物种，大多数情况下，认为与某种动物具有亲缘关系。于是图腾信仰便与祖先崇拜发生了关系。某种动物、植物便成了这个民族最古老的祖先。

虎的图腾图案

图腾可以分为三大类：

氏族图腾——为整个氏族共有，最重要；

性图腾——为某一性别所共有；

个人图腾——个人所独有，不为下一代所传承。

图腾崇拜，是发生在氏族公社时期的一种宗教信仰的现象。其表现为对某种动物的崇拜，也是祖先崇拜的一部分。图腾主要出现在旗帜、族徽、柱子、衣饰、身体等地方。目前对于图腾崇拜的研究也是对于原始社会研究的重要组成部分，故图腾崇拜现象蕴含着重要的历史人文意义。

萨满图腾林，雕刻的神像形态各不相同。萨满教是原始的多神教，是在“万物有灵”的观念支配下所形成的多神崇拜。赫哲人信仰的神灵很多，但是萨满教没有庙宇和神祠，也没有专职的掌教和祭主等神职人员。信奉此教的人们，在族人中自发形成一位“察玛”，他主管每次祭祀天地、山神、土地和祭祖、许愿等重大活动。萨满图腾则多用木雕或绘画的形式体现。

赫哲族风情园里的萨满图腾柱

用鱼皮制作的萨满图腾
（由赫哲族华夏文化艺术有限公司经理江涛提供）

身穿民族服装的赫哲族姑娘

赫哲族鱼皮、兽皮衣服传统制作工艺

鱼皮衣饰的制作过程 将适宜做衣裤鞋的蝥罗、杆条、草根、大马哈、怀头等鱼皮剥下晒干，用熟鱼皮的木槌(空库)和槌床(亥日坎)捶软后，按照鱼皮花纹拼缝成一大张，再按身材大小剪裁缝制，缝制鱼皮衣饰要用鱼皮线，这种线是用胖头鱼皮做的。

兽皮衣饰的制作过程 先熟制兽皮。熟制兽皮的方法有两种，一种是光板皮子的熟制，另一种是带毛皮子的熟制。光板皮子的熟制：将兽皮用缸或木桶泡上(冬季六七天，夏季三四天)，泡至毛掉时用木刮刀刮，刮干净后晾干，后用木铡刀铡软，再放进缸里用狍脑浆水泡，泡好后用绞杆将浆水绞干，制衣时再用木铡刀铡，用木槌在槌床上捶，捶至皮子柔软剪裁制衣即可。带毛皮子的熟制：用朽木屑拌水，在皮子上抹一层，卷上闷半天或一宿，然后将皮子撑开刮去肉脂，用木铡刀铡或用木刮刀刮；为使皮子更柔软，用发酵的苞米面闷一宿后，再用手揉搓，用大齿梳子梳一遍即可剪裁制衣。做兽皮衣裤使用的线是用鹿筋制成的。衣服的纽扣是用骨头、木头或皮条做成的。

街津口赫哲族艺术家孙玉林在制作传统鱼皮制品

赫哲族的冬夏季服装(鱼皮和鹿皮)

鱼皮衣服

“鱼皮柔共兽皮夸，五色相辉映日华。裁作衣裳为袜线，天留文锦与渔家。”这是晚清诗人沈兆禔对赫哲族精美绝伦、独树一帜的民族“名片”——鱼皮服饰的生动描述。

制作鱼皮衣服时要认真选择鱼皮，并不是什么鱼皮都可做衣服。首先，要选择比较大的鱼皮，一般都选用十几斤或几十斤大的鱼皮。另外，在长期的实践中，赫哲人针对当地各种鱼皮的特点，逐步摸索并掌握了适合做不同衣服的材料。胖头鱼、狗鱼、岛子鱼的皮，是做鱼皮线和裤子的材料；大马哈鱼、细鳞鲑、蝥罗、鲤鱼等可做手套；槐头鱼皮较大，适合做套裤、口袋以及绑腿、鞋帮等。除鳇鱼皮制品结实耐用，能防浸水膨胀腐烂、适合夏天穿着外，其他鱼皮制品均为冬季不下水时穿用。

赫哲族先人将捕来的胖头、杆条、草根、鲤子等鱼的皮剥下，将剥掉的鱼皮略微放干，用木槌在槌床上反复捶打，捶至鱼皮柔软为止。做鱼皮线时，将鱼皮剥下撑开晾干，四角不整齐的地方切去，在上面抹一层鱼肝油，使鱼皮潮湿后卷起来，用小木板紧紧捺住，用快刀切成细线，线的一头要细一些，以便穿针，再将其用野花染成各种颜色，就可以根据生活的需要，缝制各种衣服了。

赫哲族用鱼皮制作的鱼皮衣服

鱼皮服饰种类

赫哲族先民长期使用鱼皮制作的鱼皮衣大概分为以下几类。

鱼皮袍　赫哲族的鱼皮衣服多用胖头、杆条、草根、鲩鱼、鲟、大马哈、鲤鱼等鱼皮制成，长衣居多，主要是妇女穿用。式样如同旗袍，袖子短肥，腰身窄瘦，身长过膝，下身肥大。领边、衣边、袖口、前后襟等处都绣有云纹或用染色的鹿皮剪贴成云纹或动物图案，并用野花染成红、蓝、黑等颜色，风格淳朴浑厚、粗犷遒劲。早年，衣服下边往往还要缝缀海贝壳、铜铃和璎珞珠琉绣穗之类的装饰品，更加别致美观。鱼皮袍具有轻便、保暖、耐磨、防水、抗湿、易染色等特性，特别是在严寒的冬季不硬化、不会结上冰。

套裤　赫哲族渔民的鱼皮套裤是用怀头、蜇罗或狗鱼皮制成的，分男女两种。一般都是比较肥大的，套在裤子外面，男式的上端为斜口，女式的上端为齐口。套裤主要是捕鱼和劳动时穿的，冬季可抗寒保暖，春秋可防水护膝，大都绣有花纹或镶有花边。

半市筒皮靴　既可冬季穿也可夏季穿，具有不受潮湿、不挂霜、不打滑等优点，深受赫哲人喜爱，延续时间最长，使用也最广。冬季穿时，为了保暖，里边需套上狍皮袜头或絮上乌拉草。

因为赫哲族先民当时熟制鱼皮工艺有限，鱼皮脱脂不够完善，导致鱼皮霉变、腐烂，所以留传下的服饰几乎没有。

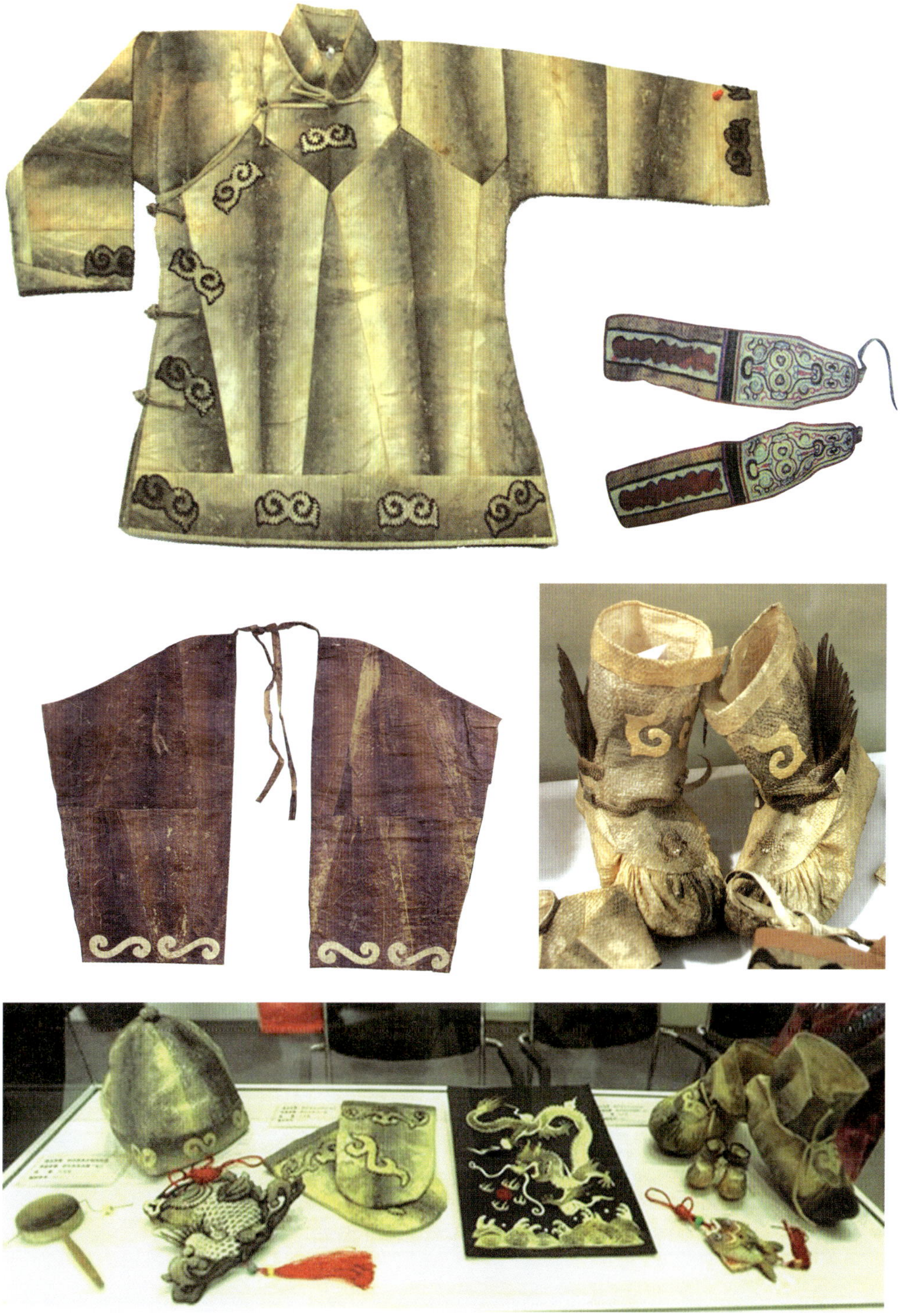

赫哲族用大马哈鱼皮制作的各种服饰

赫哲人用鱼皮、兽皮制作的服饰

鱼皮服饰发展现状及传承价值

由于博物馆收藏和人类文化学研究的需要，老一代赫哲人曾多次为国内外博物馆复制鱼皮服饰，使这一技艺在局部地区得到传承。老艺人还用传统技艺创制了鱼皮萨满服饰及赫哲族风俗系列作品。赫哲族的鱼皮服饰是世界上独一无二的，也是当今赫哲族传统文化中最具代表性的标志性实物资料。它已日益成为国内外相关研究机构、博物馆以及收藏家和游客们的宠儿。随着赫哲族乡旅游业的快速发展，鱼皮服饰的销量大增，价格猛涨，对黑龙江省民族民间艺术的发展起到积极的作用。

近几十年来，随着赫哲族经济文化的发展和纺织、化纤等各种现代服装面料的大量输入，鱼皮服饰在现实生活中已不见了。目前掌握传统鱼皮技艺的老人多已离世。古老的赫哲族鱼皮制作技艺濒临消亡，鱼皮服饰已被国家列为非物质文化遗产一级项目。

从鱼皮服饰发展来的鱼皮画图案

非物质文化遗产赫哲族鱼皮服饰传承人——尤文凤

桦皮帽子

赫哲族的桦皮帽是夏天戴的，形如一般的斗笠，顶尖檐大，既可避雨，又可遮光。帽檐上刻有各种云卷纹、波浪纹以及狍、鹿、鱼的形象，轻巧美观。姑娘常将精心制作的桦皮帽送给自己的心上人，作为爱情的信物。

萨满教及萨满服饰

赫哲族信奉萨满教，认为世上万物皆有灵，赫哲族认为天神（赫哲语：巴哈恩都力）是最大的神，掌管天下所有事，在族长家里有固定的位置供奉天神，供奉天神的仪式是在有大型瘟疫来临或灾难来临或者是获得丰收时才举行的。供奉时要摆上供品，由一位道法高深、德高望重的萨满主持仪式。

萨满一词源自通古斯语“saman”，“saman”含有智者、晓彻、探究等意，后逐渐演变为萨满教巫师即跳神人的专称。萨满教是一种现象的通称，没有教条或是特定的信仰体系，不同传统的萨满教有不同的实行方式与特征，一般对萨满的定义是来自其经验与技术。该教具有较复杂的灵魂观念，在万物有灵信念支配下，以崇奉氏族或部落的祖灵为主，兼有自然崇拜和图腾崇拜的内容。崇拜对象极为广泛，有各种神灵，动植物以及无生命的自然物和自然现象。没有成文的经典，没有宗教组织和特定的创始人，没有寺庙，也没有统一、规范化的宗教仪式。巫师的职位常在本部落氏族中靠口传身受世代嬗递。萨满教独占了我国北方各民族的古老祭坛，在我国北方古代各民族中间的影响根深蒂固。直到后来，在佛教或伊斯兰教成为主流信仰的我国北方一些民族当中，仍可明显见到萨满教的遗留。满、锡伯、赫哲、鄂伦春、鄂温克、达斡尔、维吾尔、乌孜别克、塔塔尔、朝鲜以及大和等民族也都在不同程度上存在着萨满教信仰活动。

萨满教是原生性宗教。萨满教不是创生的，而是自发产生的。广义上讲，萨满教是世界的。萨满文化是个世界性的文化现象，其流行区域集中在亚洲北部和中部，乃至欧洲北部、北美、南美和非洲。

赫哲族先民为求出猎吉祥，渔业丰收，在每年农历“三月三”“九月九”举行隆重的萨满舞“跳鹿神”，赫哲语叫“温吉尼”，以此为先民消灾祈福，传统的民族民间文化色彩十分浓厚。

萨满在神事活动中，常常在身上披挂一些与萨满教观念密切相关的衣裙、饰物等，它们统称为萨满服饰。

刘升老师制作的赫哲族萨满图腾雕刻

萨满跳神的老照片

赫哲族民间艺人尤永贵描绘萨满跳神治病的场景

赫哲族的老萨满身着萨满服

赫哲族的萨满分类

萨满不仅有派别，也有品级，其派别以神帽上的鹿角枝数多少而定，品级以其神帽上的鹿角叉数多少而分高低。鹿角叉多者为高，少者为低。鹿角叉数分三叉、五叉、七叉、九叉、十二叉、十五叉，共六级。从初级神帽，升至三叉鹿角神帽，要经过两三年时间；升至十五叉神帽，须约四五十年的时间。萨满共分三派：河神派，神帽的鹿角各一枝；独角龙派，神帽的鹿角左右各两枝；江神派，神帽的鹿角左右各三枝。

当看到其神帽上的鹿角枝数多少，即知其派别；见到其鹿角枝的叉数多少，即知其品级高低。由于居住区域不同，其能力大小，所执行的神职也各异。

萨满教的图腾脸谱

萨满的职能

送魂萨满(赫哲语:达科苏、特科切) 专门从事超度的萨满,级别最高,法力最强。

治病萨满(赫哲语:巴其兰) 从事驱赶鬼神、收拢神灵、治疗各种疾病。

专治瘟疫的萨满(赫哲语:阿哈玛发) 治疗流行病、传染病。

占卜萨满(赫哲语:佛日朗) 专门从事治疗一些小疾小灾和占卜算卦的萨满,他的级别最小,法力最小,但很普遍。

萨满跳神的法器

萨满服饰

萨满服饰中每个物件，绝非偶尔拾之，更不能随意处置，它们是同萨满教观念融为一体的，或者说，它们是萨满教观念的象征物。萨满服饰的这一性质，使得它一方面是萨满教观念的内在反映，另一方面还必须同祭祀场合的特定情境，结合在一起，共同实现同一宗教目的。我们常常见到几十斤乃至几百多斤重的萨满服装，其上镶嵌着各类兽禽图案或它们的骨、羽，这些正是萨满教灵魂观的显现。依托这些神助，萨满才能上天入地，到主体以外的宇宙中任何一方，进而实现宗教目的。例如顺星时，要使自己能够到达想要祈拜的那个神的居处，就要类于善飞的灵禽，萨满帽上饰飞鸟，服饰肩部有鸟饰，身上披鸟羽，象征鸟翅膀，萨满便化形为鸟。在人们观念中，只有自己是某个自然生物，才能具有它的本领，并依这种本领去实现预想的目的。因此萨满扮相成为必行之事，这个扮相就是萨满服饰。

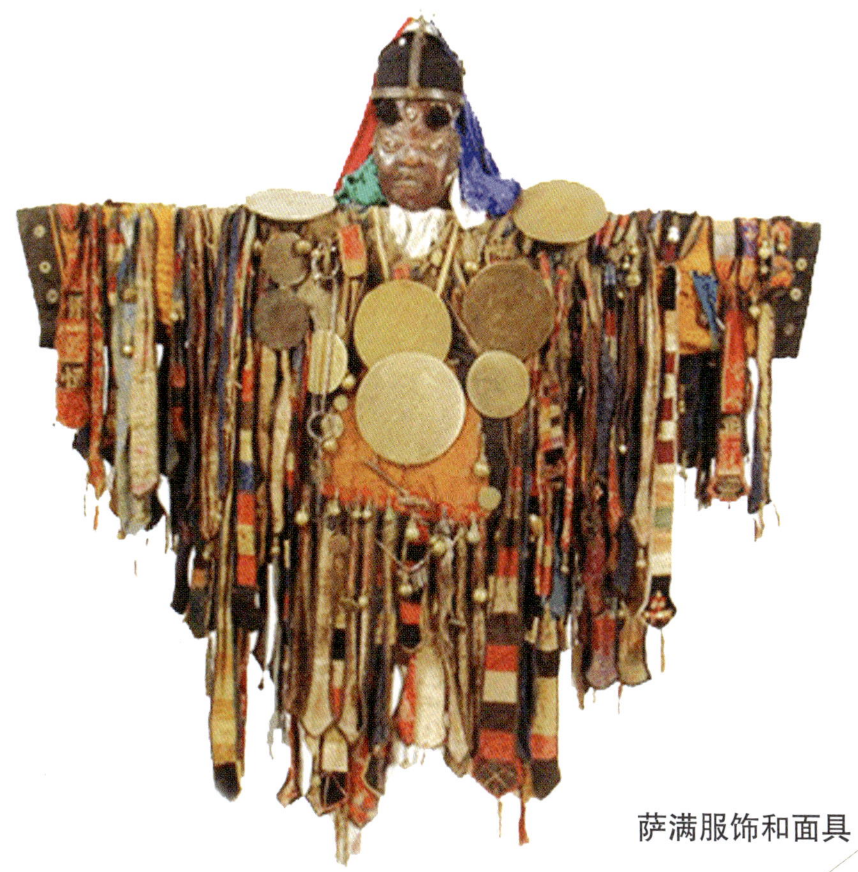

萨满服饰和面具

博物馆里的萨满服饰

跳神

萨满（巫师）在跳神活动中边敲鼓边跳舞，男女皆有，平时仍参加劳动，他们都有一套特制的法具，包括神帽、神衣、神鼓、神杖、神刀等。跳神时男萨满头戴鹿角神帽，帽周围垂有长短不一的彩色飘带及其他饰物，身着用鹿皮制作并染成紫红色的神衣，上面缝有四脚蛇等动物图案，前胸后背挂有护心镜、“爱米”（即神像，是一种小木偶）等，腰围彩带式神裙，系腰铃；左手持神鼓，右手持鼓槌，有时也持神刀、神杖。神鼓是萨满诸神具中最重要之物，分抓鼓和单鼓两种鼓形。抓鼓为单面鼓，鼓的背面用四条皮带分结于鼓缘，中心系一铜圈，舞时手执铜圈。单鼓多用铜圈蒙皮制成，柄部小圈处系有小铁环。女萨满不戴鹿角神帽，在帽四周镶有荷花瓣小片，下垂彩色飘带，其他与男萨满服饰相同。

萨满跳神多在室内进行，舞时边击鼓边跳，均有特定的鼓点。动作大体有立、伛、蹲三种舞姿。立舞即上身稍曲，在腰和胯的带动下身体左右扭动，腰铃随之摆动，铿锵作响，步伐常用弓步交替向前迈出。伛舞即身体弯曲，边击鼓边旋转。蹲舞即双腿半蹲而舞（近似矮子步和蹲腿控制），与持刀作舞的步伐略有不同。

赫哲族萨满在跳神

那乃族的画《萨满跳神》

第三章

鱼皮画的种类

即将遗失的
传统文化

平贴式鱼皮画

利用鱼皮本身黑、白、灰颜色的过渡，将鱼皮裁剪成块，在同一平面上，重新粘贴组合而形成的物体形象，称为平贴式鱼皮画。其中包含着接近篆刻手法的阴刻和阳刻，以及传统手工技艺剪纸中的单层和多层组合等艺术形式。

平贴式鱼皮画《新娘》（作者：张琳）

阴刻形式的鱼皮画

利用自然颜色过渡粘贴的鱼皮画

鱼皮画《网摊渔女》

利用彩色鱼皮点缀组合的鱼皮画

阳刻组合形式的鱼皮画

缝制的鱼皮饰品及鱼皮挂件

缝制工艺的鱼皮饰品是利用鱼皮过渡颜色分块，将裁剪成与物体形状相同的两片鱼皮针线合成，里面放置填充物后，加以连接而形成的艺术图案，称为缝制风格鱼皮挂饰，较有立体感。

鱼皮大型浮雕画《大展宏图》（作者：马华）

鱼皮挂件《鹰神图腾》

鱼皮挂件《太阳神》

圆雕鱼皮大型浮雕画《富贵牡丹》

圆雕粘贴鱼皮摆件

所谓鱼皮摆件，是用树脂圆雕胎粘贴鱼皮形成鱼皮圆雕摆件，四面观赏性较强，难度较大，不易保存。

圆雕鱼皮摆件《鹰》（作者：高元英）

用鱼皮雕刻和棕绳制作的赫哲族船(圆雕)

第四章

鱼皮画制作的美术基础

即将遗失的
传统文化

美学基础知识

和谐

绘画作品的和谐要求表现在特定条件下对色彩对比的变化和相应关系的协调。对比与调和既对立又统一，是产生色彩和谐的一条重要原则。如果画面中色彩的对比不堪混乱，十分不和谐，缺乏秩序，看来像一堆垃圾一样，就会导致画面失去平衡，容易使人感觉别扭，同时也会产生一种烦躁的感觉。相反，如果画面中缺少对比，必然会使人感到单调乏味和缺少生命力，使色彩的感染力难以表现，必然难以给人留下深刻的印象。对比与调和就是形式美的变化与统一规律，是色彩运用中极其重要的原则，它们共同组合成一幅完整的画面，关系到整幅画的成功与否，其重要性可想而知。

作品运用和谐的色调绘制江边渔船景象

平衡

平衡是表示在两个或更多物质因素同时存在时在排列中进行的自控与和谐调整。平衡是生理器官控制的一种心理体验。观赏者视觉方面的反应，造成心理上的对应性经验。艺术处理不应违反人们心理方面的经验和感受，这点尤为重要。配置得当的视觉因素，刺激视觉器官，会使人产生平衡感，否则就会有失重感。造型艺术中，平衡是组成视觉形象的诸因素在组合中所需达到的一种美的分布关系。

在平衡感的构成中，有两个因素是重要的，即重量和体积。在同类物中重量主要取决于体积的大小，体积大的比体积小的为重。而在非同类物中，体积就不是决定重量的主要因素。根据人的感知经验和心理体验，人们可以把重量感分成人比物重，动物比植物重，动的比静的重，体积大的比体积小的重，颜色鲜艳的比灰暗的重及近的东西比远的东西重等几种。造型艺术中的平衡给人以安静和平稳感，但又没有绝对对称的那种呆板无生气，所以平衡成为人们进行艺术创作的常用形式，也成为艺术创作的基本要求之。

赫哲族鱼皮画《赫哲风光》
（由黑龙江省三江鱼皮文化传播有限公司提供）

对称与均衡

对称，是指一种高度整齐的程度。比如蝴蝶，它的形体和翅翼花纹的对称美，一直为人们所欣赏。但在创作作品时，在构图中都不是追求一半对一半的对称，而是刻意于画面的视觉均衡。因为在设计作品构图中，绝对的对称会给人一种静止的、拘谨的和单调的感觉，生活中人们的审美要求仍然以追求均衡为多。过多的运用对称会使人感到呆板，缺乏活力。而均衡是为了打破较呆板的局面，它既有“均”的一面，又有灵活的一面。均衡的范围包括构图中形象的对比，人与人，人与物，大与小，动与静，明与暗，高与低，虚与实等的对比。结构的均衡是指画面中要表现的物象有呼应，有对照，达到平衡和稳定。画面结构的均衡，除了大小、轻重以外，还包括明暗、线条、空间、影调等均衡的作用。

作品一侧是房屋另一侧用了大面积白色使画面稳定、呼应

对比

对比的巧妙，不仅能增强艺术感染力，更能鲜明地反映和升华主题。对比构图，是为了突出主题、强化主题，对比有各种各样，千变万化，但是把它们同类相并，可以得出：

形状的对比，如大和小，高和矮，老和少，胖和瘦，粗和细等；

色彩的对比，如深与浅，冷与暖，明与暗，黑与白等；

灰与灰的对比，如深与浅，明与暗等。

在一幅作品中，可以运用单一的对比，也可以同时运用各种对比。对比的方法是比较容易掌握的，但要注意不能死搬硬套，牵强附会，更不能喧宾夺主。

色彩纹理对比图片

深色调对比画面

冷色调对比画面

绿色调对比画面

画面颜色使用对比色效果绚丽夺目

美观

优秀的作品，首先应能从整体上感染欣赏者，作品的整体美，即一幅作品的布局之美。所要表现的物象安排是否做到均衡协调，与节奏变化、力度和气势、结构和意境等都有着密切的联系，通过主题构思、设计、色彩表现等，组合成一个均衡统一的整体。只有细心揣摩，认真设计才能体现作品中细微的美妙之处，就像只有诗人才能在作诗中感受到那种难以言状的、震撼人心的微妙之处一样。

对艺术作品美的理解和欣赏，要对艺术作品有深刻的体验，才能获得对作品评判的深层的意蕴。理解和掌握品评欣赏标准的程度如何，与欣赏者对艺术的接触和认识的深度有关，与欣赏者对艺术理解造诣的高低有关，还与欣赏者画外的知识修养和个性气质有关。

美术基础知识

作品主题

作品主题是艺术作品中所表现的中心思想。它是作品内容的主体和核心，是艺术家对现实生活的认识、评价和理想的表现，是作品的灵魂 。画家在说明问题、发表主张或反映社会生活现象时，通过作品的全部内容表达出基本观点。

赫哲族传统的鱼皮画，多为赫哲族先民生产、生活，向往美好生活为主题的作品，也有一部分是表现赫哲族宗教信仰的。这些鱼皮画以不同主题表现了赫哲族人民的聪明才智和审美的群体意识。

例如 ，1982 年夏在抚远县的黑龙江边搜集到 11 幅古旧斑驳的赫哲人剪镂图画。这些“镂花艺术”被赫哲族民间文艺家韩福德命名了赫哲语题目。经分析研究认为，其中有三幅鱼皮镂刻，即《佳木他》《特木特肯》《库玛克》。

“佳木他”，汉语为“新嫁娘”之意。画面用大马哈鱼皮镂刻而成，整幅构图采用俯瞰角度，以新娘头部特写为中心，鬓角上戴着的一朵鲜花，突出了新嫁娘的主题。画面四周是一幅圆形裙裾，配以纹饰，体现了鲜明的民族风格。作者大胆地为新娘剪制了四只胳膊，呈“卐”(万字，“卐”为左旋，“卍”为右旋，表达的是同一个意思，唐朝武则天定音为万字，意思是吉祥喜旋)形布局，每手各执一条鱼，每条鱼形态各异，可谓匠心独运。曾有学者认为，赫哲族传说故事《恩都力造人》中，“小泥人从大鱼嘴里出来后，就活蹦乱跳”的情节，源于对鱼的生殖能力的崇拜。《佳木他》的四手执鱼恰恰为其提供了一个艺术品诠释，它期望和预示着新娘会给家族带来多子多孙，富贵有“鱼”(余)。

“特木特肯”，是小船的统称或舢板船的名称。《特木特肯》这幅作品用鱼皮镂刻而成。九条形式各异的船只，首尾相连，围成一个圆圈；每只船上竖一根高高耸起的桅杆，桅杆尖端又似赫哲人惯用的渔叉；尖顶下方各踞一只形似飞燕的小鸟；船只浮在鱼背上，中间两条鱼头尾相对，宛如太极图。细心品味，小船种类似有“特木特肯”（舢板船）、“乌莫日沉”（桦皮船）、“敖日阿勤”（独木舟）、“维胡”或“古录板”（快马子）等。它体现出了赫哲人对自己捕鱼与交通工具的珍视和对捕鱼安全与丰收的企盼之情。

“库玛克”是赫哲语“大角马鹿”。《库玛克》的画面用鱼皮镂刻而成。画面中间是一只大角马鹿头部，狩猎者分四个方向向鹿头冲击。冲击队伍划成四个弧形，极具动感，生动真实地复制出围猎的壮观画面。狩猎是赫哲人重要的生产活动，对于围猎场景的描绘就是对勇敢的赞颂和对生活的讴歌。

由此可见，鱼皮画的主题内容展示了赫哲人的审美追求与信仰崇尚，具有鲜明的民族风格。赫哲族具有丰富的神话传说，很多情节和人物在鱼皮画中有所描述。透过这些主题神话故事，我们可以理解赫哲人对于世界的看法，可以了解赫哲族的审美观，有助于我们认识赫哲族的生存环境、生活状态。

鱼皮镂刻《库玛克》复制品

鱼皮画《赫哲族婚礼》

鱼皮画《赫哲族跳鹿神舞》

赫哲族传说故事《恩都力造人》中“小泥人从大鱼嘴里出来后，就活蹦乱跳”的情节（赫哲族博物馆提供的照片）

构图

绘画时根据题材和主题思想的要求，把要表现的形象适当地组织起来，构成一个协调的完整的画面称为构图。

在一个平面上处理好三维空间——高、宽、深之间的关系，以突出主题，增强艺术的感染力。构图处理是否得当，是否新颖，是否简洁，对于艺术作品的成败关系很大。从实际而言，一幅成功的艺术作品，首先是构图的成功。成功的构图能使作品内容顺理成章，主次分明，主题突出，赏心悦目。反之，就会影响作品的效果，没有章法，缺乏层次，整幅作品不知所云。

常见的构图形式：

水平式，安定有力感；

垂直式，严肃端庄；

S形，优雅有变化；

三角形，正三角较空，锐角刺激；

长方形，有较强的人工化和谐感；

圆形，饱和有张力；

辐射，有纵深感；

中心式，主体明确，效果强烈；

渐次式，有韵律感；

散点式，受边框约束，自由可向外发展。

一组线描村庄构图图例

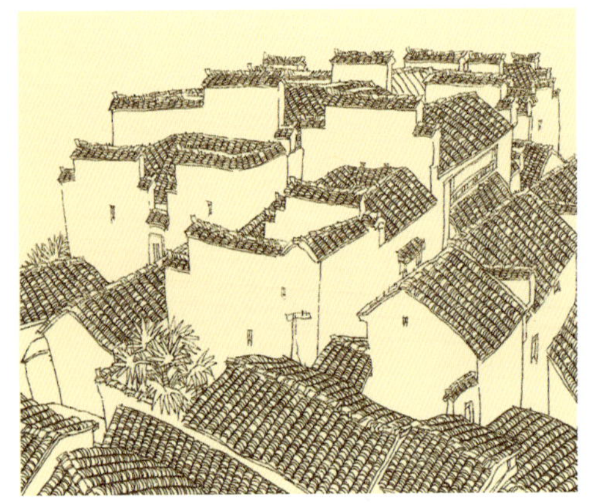

S 形构图画面

中心式构图画面

辐射式构图画面

散点式构图画面

垂直式构图画面

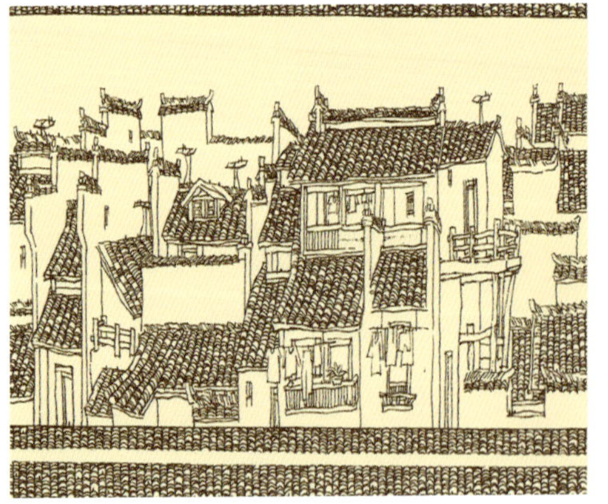

长方形构图画面

水平式构图画面

三角形构图画面

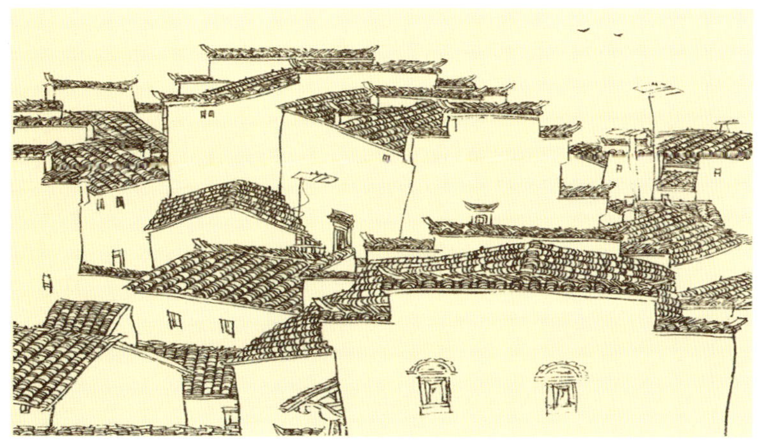

渐次式构图画面

构图的原则

构图的基本原则讲究的是:均衡与对称、对比和视点。均衡与对称是构图的基础,主要作用是使画面具有稳定性。均衡与对称本不是一个概念,但两者具有内在的同一性——稳定。稳定感是人类在长期观察自然中形成的一种视觉习惯和审美观念。因此,凡符合这种审美观念的造型艺术才能产生美感,违背这个原则的,看起来就不舒服。均衡与对称都不是平均,它是一种合乎逻辑的比例关系。平均虽是稳定的,但缺少变化,没有变化就没有美感,所以构图最忌讳的就是平均分配画面。对称的稳定感特别强,对称能使画面有庄严、肃穆、和谐的感觉。但对称与均衡比较而言,均衡的变化比对称要大得多。对称虽是构图的重要原则,但在实际运用中机会比较少,运用多了就有千篇一律的感觉。

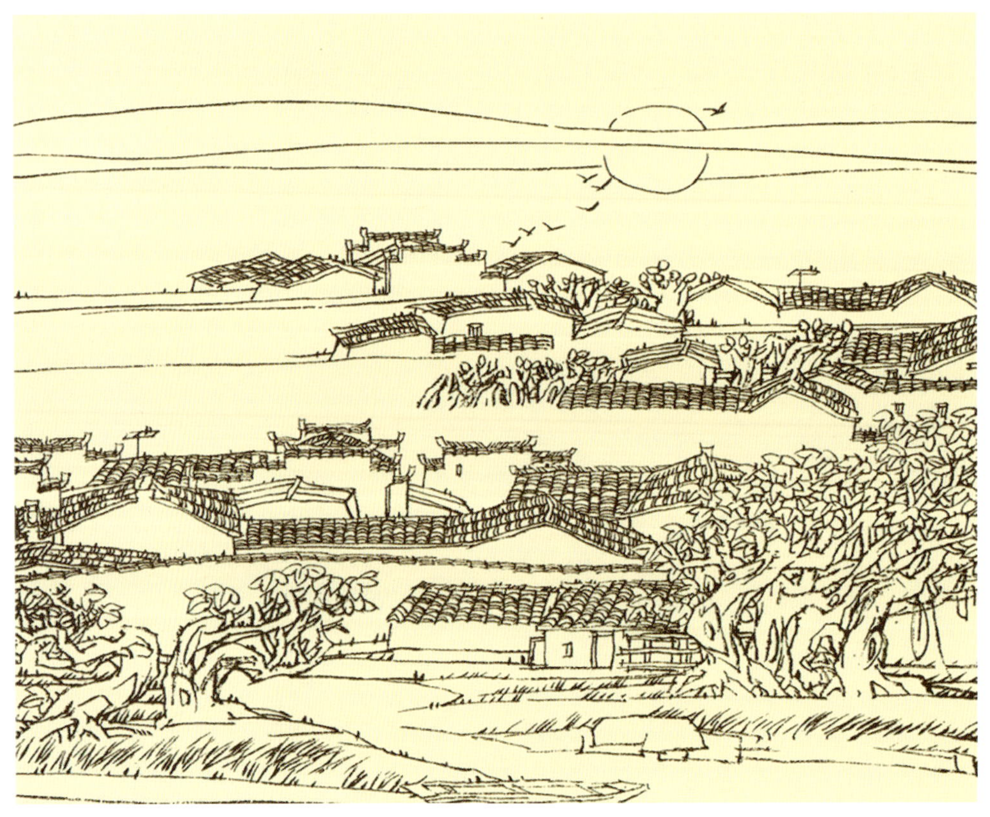

三角形构图画面

印象派油画《星夜》（作者:梵高）

古人云,不以规矩,不成方圆。构图的基本原理就是规矩,也就是均衡与对称、对比和视点这三条。但由于艺术家的艺术修养不同,观察事物的角度不同,创作出来的作品也是变化不一的。客观法则是不能违背的,但懂得法则的人却不应该被法则所束缚。书法家林散之就说过:“守墨方知白可贵,能繁始悟简之真。应从有法求无法,更向今人证古人。”这里讲的应从有法求无法,就是不能墨守成规,要有创新意识,不要受条条框框的束缚,打破约束,做到不同风格,不同张力地表现自我,表现艺术风格,才能从真正意义上做到“青出于蓝而胜于蓝”。

在构图中最讲究的是“品”字形和三七律。品字形构图和三七律构图的方式常被人们称为黄金构图法，也有的称其为永恒的三角构图法，这些都是指均衡而言。

什么是“品”字形构图？就是在画面上同时出现三个物体的时候，不能把它们等距离放在一条线上，而应使其呈现三角形状，像个品字。只要留意，这种三角形状在自然界中是无处不在的。大山就是由无数的三角形构成的，上下交错，井然有序，犹如一个巨大的品字状或三角形，具有强烈的排列韵味。

什么是“三七律”构图？就是画面的比例分配三七开。若是竖画面，上面占三分，下面占七分，或上面占七分，下面占三分；若是横构图画面，右面占三分，左面占七分，或是右面占七分，左面占三分。

在特殊情况下，根据题材的需要，也是可以打破的，二八律或四六律也可以使用。本来艺术讲究的就是有法而无定法，因此应从整个画面来考虑应用何种构图方式。对于艺术创作而言，如果能把均衡与对比运用自如了，也就算掌握了构图的基本要领。

三七律构图实例图片

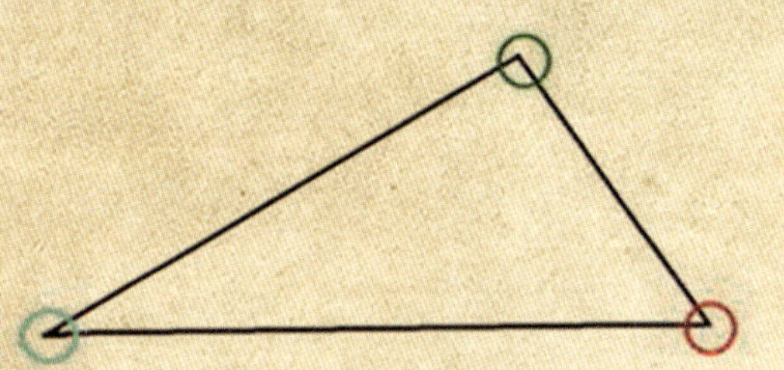

品字构图实例图片

视点

视点构图，是为了将观众的注意力吸引到画面的中心点上。视点是透视学上的名称，也叫灭点。要把视点说清楚，还得从视平线、地平线、水平线这三条线说起。视平线就是与眼睛平行的一条线。我们站在任何一个地方向远方望去，在天地相接或水天相连的地方有一条明显的线，这条线正好与眼睛平行，这就是视平线。这条线随眼睛的高低而变化，人站得高，这条线随着升高，看的也就越远，“欲穷千里目，更上一层楼”就是这个道理；反之，人站得低，视平线也就低，看到的地方也就近了，小了。按照透视学的原理，在视平线以上的物体，如高山、建筑等，近高远低，近大远小；在视平线以下的物体，如大地、海洋、道路等，近低远高，近宽远窄，向上伸延左右两侧的物体。这样，以人的眼睛所视方向为轴心，上下左右向着一个方向伸延，最后聚集在一起，集中到一点，消失在视平线上，这就是视点的由来。

视点实例图片

视点示范画面

三分法构图实例一

三分法构图实例二

三分法

三分法是最常用的构图方式，就是将画面分成“上中下”或者“左中右”三等分。三分法的原理是，人们的目光总是自然地落在一幅画面三分之二处的位置上，将物品放在这些位置，效果会比位于中心位置更好，更能抓紧人们的眼球。

设计

和谐 从狭义上理解，和谐的平面设计是指两种以上的要素统一与对比而不是乏味单调或杂乱无章的关系。从广义上理解，是在判断两种以上的要素，或部分与部分的相互关系时，各部分给我们的感觉和意识是一种整体协调的关系。

对比 又称对照，把质或量反差很大的两个要素成功地配列在一起，使人感觉鲜明强烈而又具有统一感，使主体更加鲜明、作品更加活跃。

对称 假定在一个图形的中央设定一条垂直线，将图形分为相等的左右两个部分，其左右两个部分的图形完全相等，这就是对称图。

平衡 从物理上理解指的是重量关系，在平面设计中指的是根据图像的形量、大小、轻重、色彩和材质的分布作用与视觉判断上的平衡。

比例 是指部分与部分，或部分与全体之间的数量关系。比例是平面构成设计中一切单位大小，以及各单位间编排组合的重要因素。

重心 画面的中心点，就是视觉的重心点。画面图像的轮廓的变化，图形的聚散，色彩或明暗的分布都可对视觉中心产生影响。

节奏 节奏这个具有时间感的词用在设计上是指以同一要素连续重复时所产生的运动感。

韵律 平面构成中单纯的单元组合重复易于单调，由有规律变化的形象或色群间以数比、等比处理排列，使之产生音乐的旋律感，成为韵律。

所以在作品设计时要综合考虑以上因素，才能完善内容，突出主题，使作品更具有价值和美感。

运用对比、节奏、韵律的综合手法设计的两张图

素描和白描

素描是绘画的先导，能够培养我们基本的观察能力、绘画能力以及审美能力等。当你学会如何在二维平面上塑造三维空间时，你所具有的观察事物与再现事物的能力便已经得到了显著提高。当你能够熟练地以素描的语言进行表达与交流时，你会发现自己比以往更容易进入其他造型艺术的学习。

中西方绘画的基本表现技巧都离不开对线条的运用，但二者之间却有着本质区别。众所周知，白描，是中国绘画的基础，它讲求线条的趣味性，重于意象造型，较少受光线、时间等变化因素的影响。中国绘画中的线条，不仅借鉴和吸取了书法艺术的笔法技巧，在艺术表现上更是立足于物象的神韵与意趣的表达。在令人眼花缭乱的表现技法里，线条仍然是中国绘画中最常见、最基本的艺术表现手段。西方绘画则更注重于具象与写实。素描是西洋绘画的基础。借助于特定的对象、环境、光影作画是素描写生的基本要求。因此，素描更多地受到了客观对象、光线、时间等外部因素的影响。而线条则往往被视为构建形体的手段，并不具有独立的审美价值。中西绘画二者虽差异甚多，但不可否认，西方素描与中国白描同是绘画中最朴素的表现形式。

鱼皮画利用鱼皮的脊背到肚子的黑白灰渐变关系，来塑造物体，鱼皮画兼顾中国画的线描，西方绘画的素描关系，加上美丽多变的窝鳞机理，呈现了独有的艺术门类，形成了无法替代的作品风格。

运用多种绘画手法绘制的鱼皮画　（作者：张琳）

勾线

线千变万化，它可以表现物体的造型，用线条可以界定物象的形态特征。线具备多种表现形式：

它可以表现物体形状的质感与肌理；

它可以表现量感，通过线条勾勒的运动和结构方式不同张力，充分表现不同物象的量感；

它可以表现空间感、通过线的虚实、强弱的布置和浓淡的走向来显示物象的空间存在；

通过穿梭、重叠，表现层次；

通过线表现物象的节奏和韵律；

可以通过组织的疏密关系来表现感觉等。

用线还可以表现作者情趣，线具有传情达意的主观表现功能。画面上线的形状直接体现着作者的种种感觉，粗线显刚，曲线见柔，折转表示锐利，波弯显示绵软，不同的组合、疏密走向，会产生动静、悲喜等感觉。通过对不同线条的运用，来表现不同的主观情感。

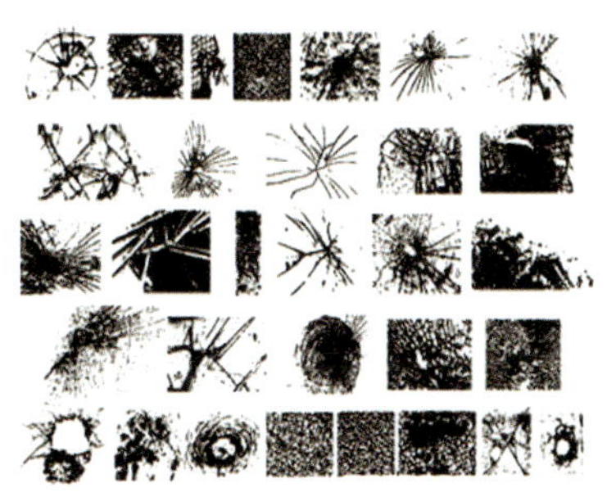

勾线实例图片

线条是主要的视觉元素之一，是人类交流、表达思想感情的视觉语言。古今中外许多优秀美术作品中都富有不同个性特色的线条艺术魅力，但线条美不仅仅是美术家专用的，生活中无时无处都会感受到线的存在，有平面的、立体的。

线的表现力极其丰富：水平线有广阔、宁静感，垂直线有升腾、挺拔感，斜线有危机或空间变化的感觉，短线水平排列则会产生跳跃急促的节奏感；流动的曲线使人感到柔和、轻巧、优美，给人轻松愉悦的感觉。线的粗细、刚柔、滑涩、虚实、疏密等变化会产生不同的美感、。生涩、古朴的线产生稚拙美；斑马身上黑白相间的自然曲线产生韵律美和装饰美；钢构的大桥和建筑简括、挺拔，有一种力度美；缀满露珠的蜘蛛网飘逸连绵、纤细稚拙。

通过学习，学生会认识到线条的表现力，学会观察、欣赏画面的方法，进而体会、认识到线条这种造型语言的魅力。

鱼皮画的线同样寄予多种功能与情感，鱼皮画的黑白灰色调对于线的表现尤为重要，要通过欣赏、学习、练习对线的感悟，才能更好地表现及把握作品。

线条表现实例图片

色彩

简单地说，色彩就是当光线照射到物体后使视觉神经产生感受。色彩按字面解释，可分为色和彩，所谓色就是人对进入眼睛的光并传至大脑时所产生的感觉，彩是多种颜色的意思，是人对光变化的理解。

色彩作为可见物体最显著的外貌特征，能够首先引起观赏者的关注。色彩表达着人们的信念、期望和对未来生活的预测。“色彩就是个性”“色彩就是思想”，色彩在作品中作为一种语言。作品要具有明显区别于其他艺术品的视觉特征，达到更富有魅力，这都离不开色彩的运用。色彩所表达的深刻含义是广泛的，具有抽象性格特征，是艺术品的重要元素又是作品灵魂。色彩具有视觉吸引力，能生动和准确地传达出作品内涵。

人们的切身体验表明，色彩对人们的心理活动有着重要影响，特别是和情绪有着非常密切的关系。在我们的日常生活中，各种领域都用各种色彩影响着人们的心理和情绪。各种各样的人，如古代的统治者、现代的企业家、艺术家、广告商等，都在自觉不自觉地应用色彩来影响、控制着人们的心理和情绪。人们的衣、食、住、行也无时无刻不体现着对色彩的应用，例如穿上夏天的湖蓝色衣服会让人觉得清凉，人们把肉类调成酱红色，会更有食欲。心理学家认为，人的第一感觉就是视觉，而对视觉影响最大的则是色彩。人的行为之所以受到色彩的影响，是因为人的行为很多时候容易受情绪的支配。颜色之所以能够影响人的精神状态和情绪，在于颜色是源于大自然的先天的色彩，蓝色的天空、鲜红的血液、金色的太阳……看到这些与大自然先天的色彩一样的颜色，自然就会联想到与这些自然物相关的感觉体验，这是最原始的影响。这也可能是不同地域、不同国度和民族、不同性格的人对一些颜色具有共同感觉体验的原因。下面我们解释一下有关色彩的概念。

三原色　由三种基本原色构成。原色是指不能通过其他颜色的混合调配而得出的“基本色”。以不同比例将原色混合，可以产生出其他的新颜色。

光源色　由各种光源（标准光源：白炽灯、太阳光、有太阳时所特有的蓝天的昼光）发出的光，光波的长短、强弱、比例性质不同，形成不同的色光，叫做光源色。光源色是光源照射到白色光滑不透明物体上所呈现出的颜色。

固有色 习惯上把白色阳光下物体呈现出来的色彩效果总和称为固有色。严格地说,固有色是指物体固有的属性在常态光源下呈现出来的色彩。对固有色的把握,主要是准确地把握物体的色相。物体呈现固有色最明显的地方是受光面与背光面之间的中间部分,我们称之为中间色彩。

环境色 物体表面受到光照后,除吸收一定的光外,也能反射到周围的物体上,尤其是光滑的材质具有强烈的反射作用,在暗部中反映较明显。环境色的存在和变化,加强了画面相互之间的色彩呼应和联系,能够微妙地表现出物体的质感,也大大丰富了画面中的色彩。所以,环境色的运用和掌控在绘画中是非常重要的。

色相 即各类色彩的相貌称谓,如大红、普蓝、柠檬黄等。色相是色彩的首要特征,是区别各种不同色彩的最准确的标准。事实上任何黑白灰以外的颜色都有色相的属性,而色相也就是由原色、间色和复色来构成的。

明度 是眼睛对光源和物体表面的明暗程度的感觉,主要是由光线强弱决定的一种视觉经验。

间色 称第二次色,色中的某两种原色相互混合的颜色。当我们把三原色中的红色与黄色等量调配就可以得出橙色,把红色与青色等量调配可以得出紫色,而黄色与青色等量调配则可以得出绿色。从专业角度来讲,由三原色等量调配而成的颜色称为间色。

对比色 人的视觉感官所产生的一种生理现象,是视网膜对色彩的平衡作用。在24色相环上相距120度到180度之间的两种颜色,称为对比色。

同类色 指色相性质相同,但色度有深浅之分,是色相环中15度夹角内的颜色。

互补色 凡两种颜色相结合产生白色或灰色,则称其中一种颜色为另一种颜色的互补色,色环中成180度的颜色。

同类色黄色系明度对比

同类色绿色系明度对比

同类色蓝色系明度对比

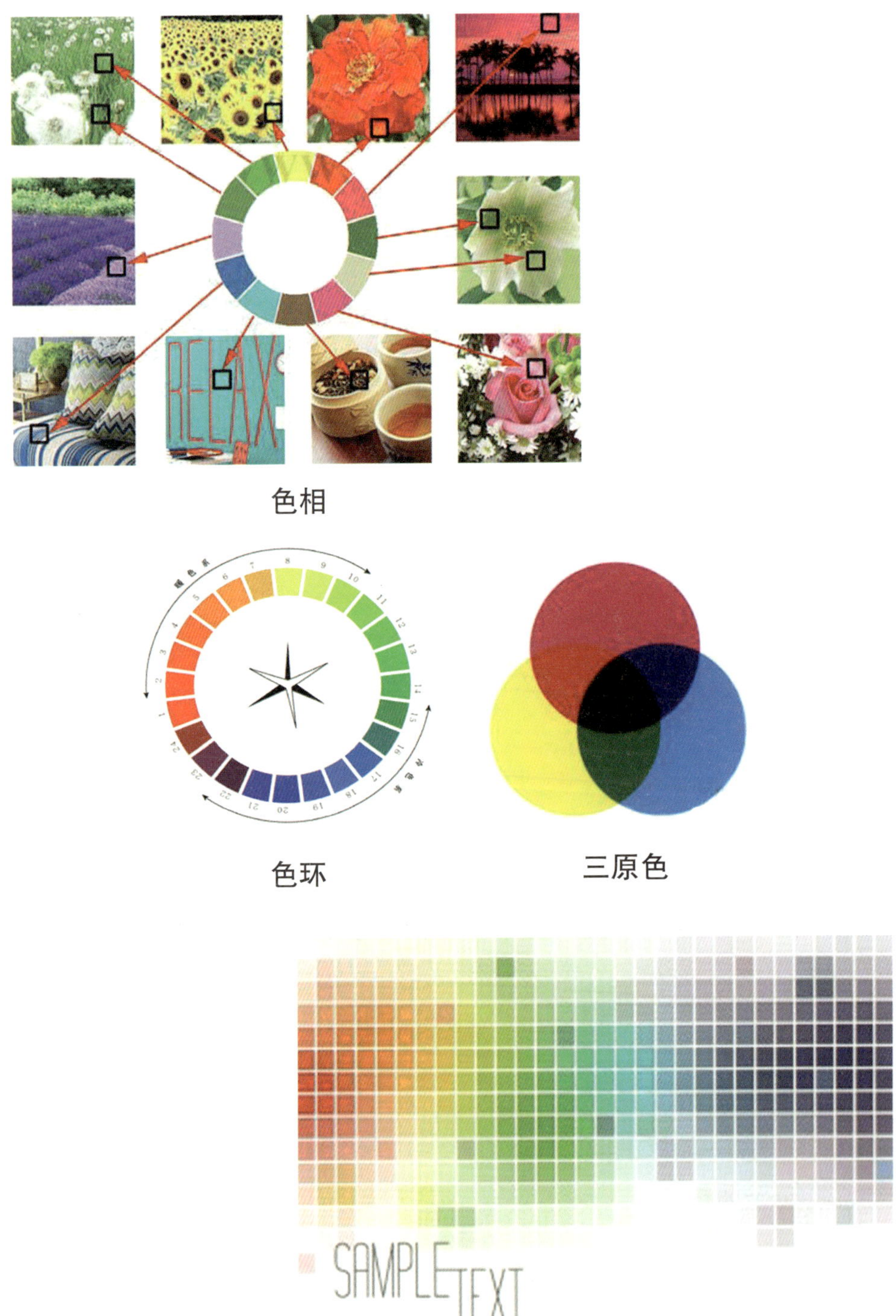

色相

色环

三原色

明度

国外科学家研究发现：在红光的照射下，人们的脑电波和皮肤的活动都会发生改变；在红光的照射下，人们的听觉感受性下降，握力增加；同一物体在红光下看要比在蓝光下看显得大些；在红光下工作的人比一般工人反应快，可是工作效率反而低。红色通常会给人带来这些感觉：刺激、热情、积极、奔放和力量，还有庄严、肃穆、喜气和幸福等。而绿色是自然界中草原和森林的颜色，有生命永久、理想、年轻、安全、新鲜、和平之意，给人以清凉之感。蓝色则让人感到悠远、宁静、空虚。粉红色具有安抚情绪的效果，象征健康，是美国人常用的颜色，也是女性最喜欢的色彩，具有放松和安抚情绪的效果。

随着社会的发展，影响人们对颜色感觉联想的物质越来越多，人们对于颜色的感觉也越来越复杂。

颜色、形状对视觉影响的图片

颜色与形状对视觉感受的影响

晕染

晕染是原中国画技巧之一，指颜色色晕化开以显现阴面和阳面，先将笔浸于清水或淡墨中，再用笔尖沾一点颜色，一次染出深浅不同过渡自然的效果，或是先用淡色颜料染头遍，再用浓色染二三遍。晕染最重要的是颜色浓度要掌握恰当，浓淡过渡要自然不留痕迹，在制作鱼皮画时通常要先将底料喷湿再染。

在做鱼皮画的技法中，晕染经常被利用表现物体层次关系，本色鱼皮画大都采用赭石加黑颜色晕染物体，产生三度空间感。但要注意的是，鱼皮每张质地不同，持水量不同。通过大量练习、总结和对鱼皮性能的了解，才能掌握好鱼皮画的晕染，才能运用自如，妙笔生花。

装饰画

装饰画的起源可以追溯到新石器时代彩陶器身上的装饰性纹样，如动物纹、人纹、几何纹，都是经过夸张变形、高度提炼的图形。其内容的表现是多种形式的，可以“以意生象、以象生意”，即根据内容创造形态，通过形态传达内容。其题材很丰富，分为具象题材、意象题材、抽象题材和综合题材等。装饰造型、装饰色彩、装饰构图三要素是装饰画的关键。好的装饰画，可以通过其视觉形象传达信息，进行超越地域、民族界限以及语言障碍和文化差异的交流。其更确切的起源是战国时期的帛画艺术。洞窟壁画、墓室壁画、宫殿装饰壁画艺术对当今装饰画的影响也非常大。

鱼皮画是从赫哲族服饰、岩画发展过来的，最初是以装饰画表现居多，以抽象线条表现赫哲族先民渔猎生活。随着现代时尚需求，愈来愈多的鱼皮画尝试不同艺术形式和表现手法，来满足不同人的需求。

装饰画的题材与创意

装饰画一般适宜表现美好的、喜庆的、抒情与浪漫的以及幻想的人物。它在人们面前展示的是理想人物和理想世界，追求一种人为美，形式美。在构思时，要注意寻找他人不曾发现的事物，要有好奇和奇思异想，要将生活中的现象与个人的创作意图联系起来，捕捉有价值的信息。

装饰画的构图

装饰画同其他绘画在构图上具有同一性，大多采用二维空间形式来表现主题内容。它主要包括中心式构图和展开式构图两种形式。

中心式构图　指画面构成以一个主题情节或主要人物或景物为中心，向画面的上下、左右展示。这种构图可以容纳丰富的主题内容，体现圆满的艺术效果。

展开式构图 这种构图大多是向画面的左右展开，形成长卷式，也有上下展开的。

鱼皮装饰画《鹿苑》

运用多种表现手法绘制的表现少数民族生活场景的装饰画

装饰画的特点

适应性:装饰画是为一定适用目的和使用要求而创作的。

工艺性:它是和工艺材料、工艺手段结合来表现的。装饰画的工艺性受加工手段和材料的制约。

装饰性:运用夸张、变形、概括和修饰的手法,布局具有规范化、程式化的特点。

程序化:根据固有的或约定俗成的模式套路来进行。

夸张性:夸张地表现对象的形体、比例、结构、色调、肌理、图案等特征,加大作品的表现力度。

装饰画画芯材质

画芯材质包括框棉布、油画布、哑光纸、绢布、无纺布、宣纸等。

装饰画画芯风格

画芯风格包括抽象、印象、风景、人物、建筑等。

利用夸张性制作的装饰画实例

装饰画构图实例

这是一幅运用排比、组合手法
表现的装饰画

这是运用夸张手法表现人物
形象的装饰画

这是运用变形组合艺术表现
风景图像的装饰画

萨满神服饰上的图案

第五章 鱼皮的制作

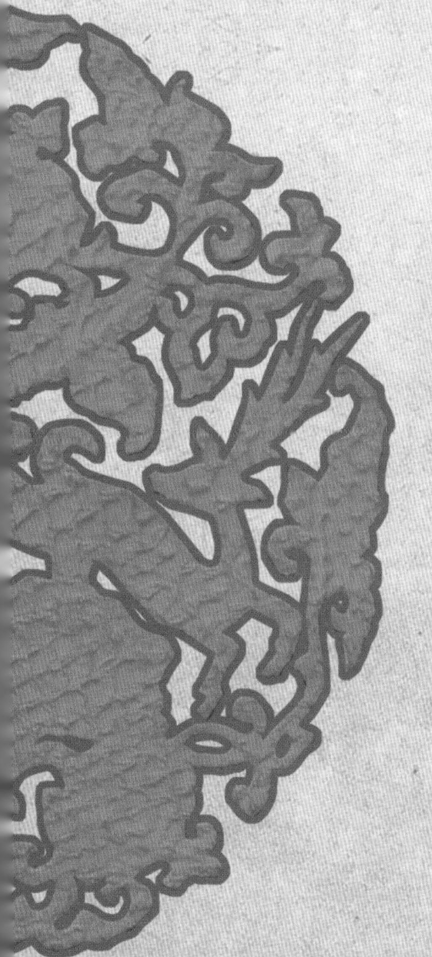

即将遗失的
传统文化

熟制鱼皮

剥离鱼皮

剥离鱼皮是鱼种选好后固定的首道工序。将整条不刮鳞的鱼，先用刃器(木制小刀等，现代多用钢刀)在头身相接处横向划一周，再顺鱼腹竖向划剥。这种划剥，技术性极强，须只穿透鱼皮，而又不刺入鱼肉。然后用一只手拽住鱼头、身、腹相接处的鱼皮一角，另一只手把木刮刀伸进皮肉之间，从头身相接处到尾鳍之前，顺次划剥。剥完一侧，再剥另一侧，最后将两侧的鱼皮一同沿鱼脊背从头至尾撕下来，这样一整张带鳞的鱼皮便剥离完毕。

制作鱼皮第一道工序——剥离鱼皮

裁剪鱼皮

将熟好柔软的鱼皮用线在平面连接起来，要注意鱼皮颜色的搭接与配色，中间可加一些花纹，起到装饰美观的效果，然后根据需要的制品裁剪出形状来。

晾干鱼皮

早年是把剥下来的整张鱼皮，一张一张分别绷紧用木钉钉在屋内墙上，阴干若干日，使其脱水又不失韧性。如果是冬天就在火堆旁烘干。后来人们常常将鱼皮贴在自家院落的桦皮栅栏或仓房围墙的阴凉通风处晾干。

赫哲族艺人尤文凤在晾鱼皮

缝制鱼皮服饰的线

缝制鱼皮服装所用的线，最早是鱼皮线、狍筋线和鹿筋线。鱼皮线多用胖头鱼（鲢鱼）的鱼皮。将皮子割去四周不整齐的部分，然后像叠切面一样叠成一摞，用刀切成细丝。稍粗的一头束起来，细的一端做线头。鱼皮线要用狗鱼肝涂抹，因鱼肝有油性，涂后既柔软又不干燥。用线时，一条一条拽下来，再勒一勒，使线更细一些，用起来就更流利了。非常遗憾的是，鱼皮线的制作和使用现在在国内都已经失传了，也没有实物遗存。那乃地区至今还有人会制作和使用鱼皮线。他们用的是一种叫做"粗心大意鱼"的鱼皮制作的鱼皮线，这种鱼是一种出产于黑龙江下游的淡水鱼，因其只向上看而得名。经过翻译、对比与查找资料，搞清了他们所说的"粗心大意鱼"就是怀头鱼，也包括此类其他鲶鱼科的鱼。此类鱼皮韧性大，粘胶性极强。将晒干的细丝用新鲜的大马哈鱼子浸润，然后放到嘴里边咀嚼便拉成细丝。拉出的鱼皮线白色透明如同尼龙丝线。这是一种技术性极强的技艺，不是所有的人都会。

鹿筋线、狍筋线以及犴筋线使用得更普遍更长久些，且有实物留传下来。鹿筋线和狍筋线都是用鹿、狍脊背上的筋制作的。将筋取下晾干后，用木槌捶打出纤维。该纤维洁白、纤细而柔韧，类似尼龙线。早年赫哲人制作鱼皮鞋、缝衣缉花，均用此线。这种线非常结实，往往衣服、鞋子穿破后线都不会断。20 世纪 50 年代后，赫哲人都是用棉线和尼龙线缝合衣服了。

赫哲族鱼皮服饰传承人尤文凤在缝制鱼皮衣

熟软

用木铡熟制鱼皮时，先将几张鱼皮卷在一起，并在每两张鱼皮之间撒上一层玉米面，以汲取鱼皮上的油脂和鱼腥味。一人坐在铡轴一端的小凳上，将鱼皮卷横放在铡床上，两手各执鱼皮卷的一端；另一人站在另一端，手执刀柄，像铡草一样用力铡压。每铡一次，坐着的人将鱼皮卷翻一下，使鱼皮卷的每个面都被铡压到，使之受热和熟制均匀。一般熟好一卷鱼皮需要两三个小时。木铡杠杆力的作用减轻了劳动强度，提高了效率，每次可熟制四五张鱼皮，小张鱼皮则更多。熟鱼皮时在鱼皮之间撒玉米面汲取油脂的工艺应该是较晚期的发明，起码是赫哲人普遍食用玉米面之后。据调查，早期解决去油脂的方法是使用鲜大马哈鱼子，涂抹在鱼皮里面，卷起放一段时间，使其发酵，然后用白浆土把腐脂搓掉、擦干净。这种方法与当时大马哈鱼资源极其丰厚有直接关系，人们利用这一资源摸索创造了这种技艺，当鱼资源减少之后，人们又自然寻找到新的替代品和技艺。

熟鱼皮第三道工序去脂和熟软

熟鱼皮的传说

鱼皮的鞣制熟化方法也经历了漫长而渐进的发展过程。早年,熟鱼皮是用木槌和木砧,赫哲语分别称为“空库”和“亥日根”。关于它的发明过程,赫哲人中流传着这样一个有趣的民间故事:“从前,在黑龙江边的一个林子里,住着赫哲族一家老两口儿。老太婆勤劳能干,从早到晚不闲着。有一天,太阳升得老高了,老头还在炕上蒙着鱼皮睡大觉。老太婆生气了,上前举起拳头一顿捶打。老头起来正要发火,突然发觉手摸到的鱼皮不硬了。他连忙叫老太婆看,然后一骨碌爬起来说:‘你等着,我送你一件好玩意儿!’老头找来一块圆树干,砍砍削削,做成了一个中间凹形的木槽和一个木槌。老太婆将鱼皮放在凹槽里,用木槌捶打,一会儿鱼皮熟软了。从此以后,熟皮工具‘空库’和‘亥日根’诞生了,一代一代流传下来。”

赫哲族鱼皮服饰传承人尤文凤老师在展示柔软的鱼皮

鱼皮画的选材

鱼皮画是赫哲族特有的艺术品，是使用大马哈鱼皮制作的，选料时主要观察鱼皮内外表面的净度、色泽和鱼皮的厚度等。大马哈鱼是一种洄游鱼类，生长周期较长，蛋白质、脂肪含量高，鱼皮较厚，耐磨度和密度较强，适合制作生活用品和加工工艺品，艺术家就是用鱼背到鱼肚的颜色过渡变化而表现物象。

鱼皮画是中华民族图案艺术宝库的重要组成部分。现有的鱼皮画种类十分丰富，造型各异，从内容上看多是表现赫哲人传统的日常生活画面，经过当代艺术工作者的加工，已经具有了全新的艺术形式和更加丰富的文化内涵。

鱼皮画《狩猎》

熟制的彩色鱼皮

工具与染料

设计稿时使用的笔和工具

拓稿时使用的专用复写纸

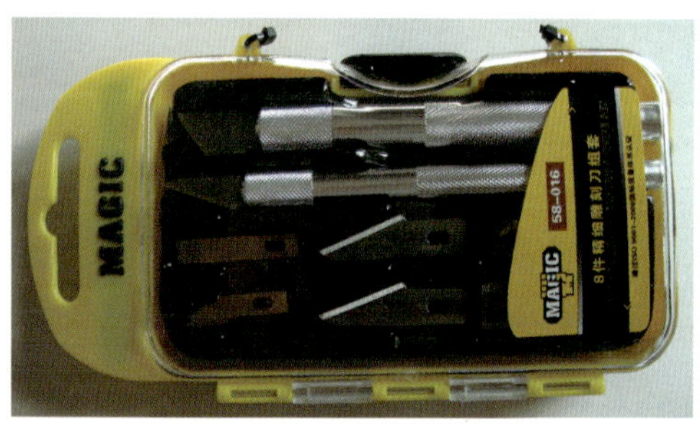

裁刻鱼皮时使用的刀具

晕染画面时使用的染料

鱼皮通过熟制、染色，可以呈现出多种色彩，现代人们通过先进工艺，用鱼皮可以制作更多的生活所需品

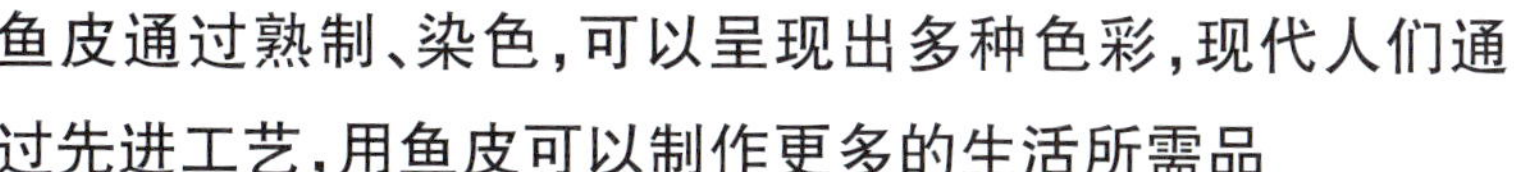

民间艺术家关云德传统《萨满剪纸神舞系列》

第六章

鱼皮画作品创作

即将遗失的
传统文化

鱼皮画的选题、创意、构思

作品的选题是作品创作的第一步，也是很重要的一步。其重要性主要表现在：第一，是作品成败的关键；第二，就可以围绕作品设计添加内容。

有人说，一幅作品选准了题就等于成功了一半，可见选题的重要性。所谓选准了题，有两方面的意思：一方面是说，所确认主题与作者的知识结构相适应，发挥了作者自身的优势；另一方面是说，作者所选的主题本身具有重要价值，作者通过对作品的塑造完成所设计目标，突出他的见解。上述两方面因素对选题来说是缺一不可的，选题本身也是一门学问。

创意是传统的叛逆，是打破常规的哲学，是破旧立新的创造与毁灭的循环，是思维的碰撞，具有新颖性和创造性的想法。创意是把再简单的东西或想法不断延伸给予的另一种表现方式。创意需要融入“与众不同”的理念。

鱼皮画本身来源于传统工艺及思想，随着现代人不同层面的需求，更需要我们的创作别出心裁，不落俗套，反映出不同的情感的表达，更要突出鱼皮画本身质地特点和珍贵性，与众不同。

构思是创作作品的过程中所进行的思维活动。这种思维活动是在作者想象中形成的，贯穿着思想的关于作品的内容和形式的观念。作者独自对作品进行整体性思考。当作者创作作品确认了主题、创意后，就需要通过构思设计来表现物象形状、颜色、层次等，这也需要我们平时大量地积累沉积出更好的表现和思想。

鱼皮画的形态及设计

鱼皮画是赫哲族生存环境和生产方式构成的地域特色文化。赫哲族先民以捕鱼和狩猎作为生活来源,用鱼皮来制作鱼皮服装以及其他生活用品,从而形成一种特色鲜明的民族文化——“鱼皮文化”。

浑然天成的鱼皮画,斑斓的色彩,粗犷的线条,质朴的鱼鳞花纹,以及精湛的粘贴、镂刻技艺,把画面中的人物、服饰、道具表现得极具民族特色。我们根据鱼皮画的特点,从形态、色调、质感三方面分析设计。

赫哲族鱼皮画中的“形态”

黑龙江畔有个叫作萨卡奇－阿梁村的地方,那里的岩石上至今还保存着反映赫哲族早期的岩石画。其中一幅上面画有火光、蛇形、日头等,这些都是原始宗教艺术的杰作,是古代赫哲族人祖先精神生活的真实记录。还有画狩猎场面的岩画,画面中的人、奔马、动物被画得栩栩如生,十分动人。虽然画面形象是粗犷奔放的,夸张概括的,甚至是抽象变形的,但却不失形象生动和感人的特点。

赫哲人信仰萨满教,是崇拜神灵的。在赫哲人思想的潜意识中,总是要把一些美好的愿望和需求寄托于神灵和上苍,认为神灵是世界的主宰,它可以保佑人们的衣食住行。所以,在神灵或是图腾那些神奇的造型中总能体现出苍朴的韵味和一种不可名状的诡异内涵。在赫哲族图案中,几乎所有的形象都选用了剪影或线描的处理方法,结构上简单而整体,简约而概括,图案的造型随意性强,但能抓住形象的主要特征并作夸张和变形处理,使动植物图案天真古朴、单纯简洁,形神兼备。

赫哲族鱼皮画中的“色调”

赫哲族世代居住在三江汇合的平原地带，鱼类品种丰富，这是制作鱼皮画和鱼皮服饰的重要保障。每种鱼的颜色都会有所不同，一般都是鱼的脊背部分颜色较暗（青褐色、暗褐色、黑灰色），至鱼的腹部开始变浅（黄灰色、浅青褐色、灰绿色、浅棕灰色），腹底变为银白色，颜色呈现出自然过渡的特征。一幅鱼皮画由多个局部拼贴、缝合而成，明度上有黑白灰的变化，色彩上有冷暖和色相的差别，但这些颜色搭配在一起色调和谐，古朴自然，有一种浑然天成的韵味，赫哲族鱼皮画的独特魅力就在于此。在传统的鱼皮制作工艺中，还有些是从野生植物中提取的紫、蓝、红、黑、白等色素作为染料，把先揉制加工好的鱼皮和鱼线染成各种颜色，然后再精巧地缝制成各种鱼皮饰品。现代的鱼皮画创作受到了这种工艺的启发，用现代化的染料染制鱼皮。但是，赫哲族鱼皮画的独特魅力还是在于利用天然的鱼皮本色和纹理进行创作。

赫哲族鱼皮画中的“质感”

鱼皮工艺品是赫哲族独有的艺术品，它含有一种突出的自然美，多种多样，凹凸不平，又浑然天成。由天然的鱼鳞花纹构成的鱼皮画面，风格古朴、粗犷，具有强烈的东北渔猎民族特有的风格，意境深沉幽远，富有诗意和哲理，色彩斑斓，非常具有立体感，是其他材料不可取代的，也不是人工能够模拟完成获得的。

我们根据鱼皮的特点，设计作品时可以根据各种需求来选择鱼皮的部位，表现物体质感，因材使用，妙趣横生。

鱼皮画的选材

制作鱼皮画首先得备料，成年大马哈鱼皮最好。赫哲族传统的工艺是,先扒下鱼皮,用木制铡刀反复铡使鱼皮柔软，再用苞米面糨糊给鱼皮去腥，搭在地窖里晾 1~3 个月，最后钉在木框上风干，之后才能用于制作鱼皮画。

大马哈鱼皮每一张都有不同的颜色、窩鳞和差异，这就要根据我们设计所需要的主题来选择鱼皮。鱼皮的薄厚、颜色和肌理感都能表现出不同的效果，巧妙地使用鱼皮的俏色，能起到画龙点睛的作用。

鱼皮画《富富有余》

第七章

平贴鱼皮画的制作

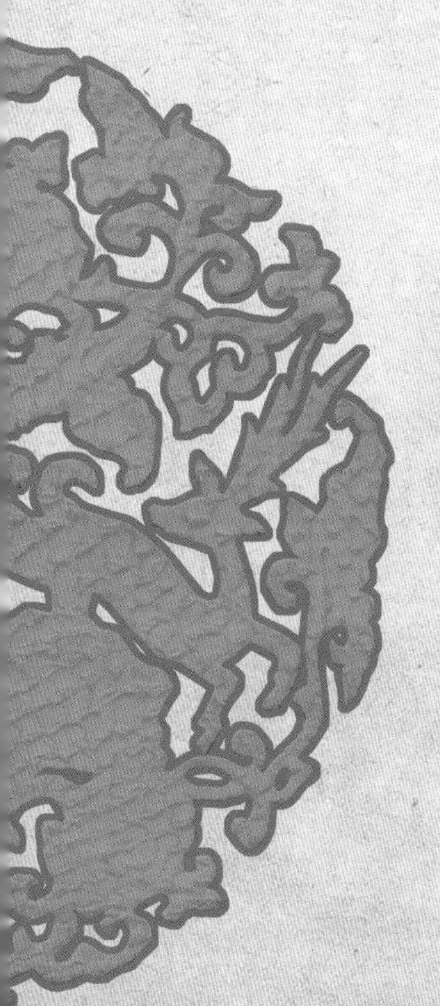

即将遗失的
传统文化

勾稿与设计

勾稿

我们要制作一幅鱼皮画，首先要设计主题，想要表达什么内容，用什么因素、符号来表达，打好草稿后再用国画白描的线来定稿。要注意的是，因为鱼皮尺寸的限度，在设计稿时不要将画面分割过大块，分割块越小，拼贴效果越生动，越能体现物体立体感，感受鱼皮画的妙处。

鱼皮画《金玉满堂》（经过设计、制作后的完成稿）

鱼皮画的第一步骤:龙的白描设计稿

拓稿

我们把设计好的白描稿用专业印纸拓到厚背纸板上，手劲要轻，眼睛刚能看到为止，以防弄脏画面，也要避免其他物体划痕，保持画面干净。

鱼皮画的第二步骤：拓稿实例

选择鱼皮

鱼皮的差异包括颜色的差别、窝鳞大小的差别、纹理的差别，还有最重要的是自身颜色的过渡差异，这些差异正是我们所需要的。所以我们要根据设计主题的需要来选择鱼皮。例如，要表现仕女皮肤、服装就要选择小鳞片，较平滑的鱼皮；而要表现岩石、虬枝则要选择窝鳞大，质地相对粗糙的鱼皮。

鱼皮画《鹤》（利用鱼皮不同窝鳞粘贴实例）

分色

分色是将选好的鱼皮按照物体固有色、明暗关系选择俏色来设计表现物体形象。分色环节很重要，是决定一个作品的关键，画面生动与否分色起到至关重要的作用。一定要拉开色差关系，使画面生动（不灰）。

鱼皮画《虎》的分色实例

这副老虎的作品突出了选皮、分色的特点，线条明朗，老虎身上的花纹明晰写实。

裁纸

裁纸是将画好的设计稿用剪刀剪裁成块。重要的是，一定要按照物体结构来拆分，这样组合拼贴后，才能更圆满。

把设计的图按结构线裁成小块

粘贴

粘贴是将剪好的鱼皮小块按照原有的位置重新粘贴上，这样物象的基本色彩、形状就跃然纸上了，明暗关系、三度空间等都能体现出来。

需要注意的是，胶一定要满刷，刷完胶停一小会，让鱼皮吃透胶后再往背板上粘贴，然后热压才能使鱼皮平齐牢固粘在背板上，长期存放不变形，不易脱落。

鱼皮画《老虎》的粘贴实例

鱼皮画《龙》的粘贴实例

描线

粘贴后根据我们设计图样的结构,需要描线。

第一,要强调结构组织。

第二,要根据物象的三度空间关系,用不同的线来表现画面,突出重点,分出主次。

设计稿时的线描

润染

对照设计稿,按照描的线用颜色淡描润染。一定要注意控制颜色,一遍不够可以多染几遍,因为鱼皮熟制脂肪分布不匀,颜色重无法修改。细心染透每一个窩鳞,才能使画面颜色饱满,通常使用丙烯染料,因为丙烯染料防水性能好,但是色彩不透明,水彩颜色较透明,但是抗氧化弱,所以每幅作品要根据需要量情而定,或者结合运用。

根据原有设计稿往鱼皮上描线

鱼皮画《龙》的润染实例

鱼皮画《虎》润染完成的实例

整理

作品通过描线、润染后，需要整体修理调整，强化黑白灰的关系，虚实得当，落款题词等。

选择背底板

因为鱼皮本身张力很大，选择背底板时要注意背板硬度、挺度，通常选择厚纸板、木板、面层伏贴织物。背板为风景画或者手绘场景，更有助于表现主题内容，使其装饰性、展示性更强。

鱼皮画《虎》 (作者：张琳)

鱼皮画《财神——赵公明》（作者：张琳）

绷纸

我们选择了要做的图案、背底板、风景画或织物后，要把面层材料（画面底面）订到后背板上，要注意的问题是底面固定要牢固，以防鱼皮张力破坏画面。尤其是纸背板，更要小心，需要多练习才能掌握。

这是一张画好的水印木刻画，作为老虎的后背纸，装订到背板上

整理

整理其实是一个修整过程，要认真检查平贴的平整度，胶粘的牢固度，修补缝隙，调整颜色过渡，强调黑白灰关系，使其立体感较强，线条流畅，保持画面干净。

装裱

鱼皮画一定要及时装裱，才能使其长期保存，装裱后画面平整，使所表现的物象观赏画面更生动，颜色显得更加滋润、饱满、浑厚可观。而且经过艺术设计的装裱，显得整洁美观，更能增添神韵，这就是常言道“三分画，七分裱”。

鱼皮画《虎》的完成稿

第七章　平贴鱼皮画的制作

鱼皮画《佛至运来》（作者：张琳）

俄罗斯那乃族不同风格的鱼皮画

赫哲族生命树图腾

第八章

鱼皮挂件和吊件的制作

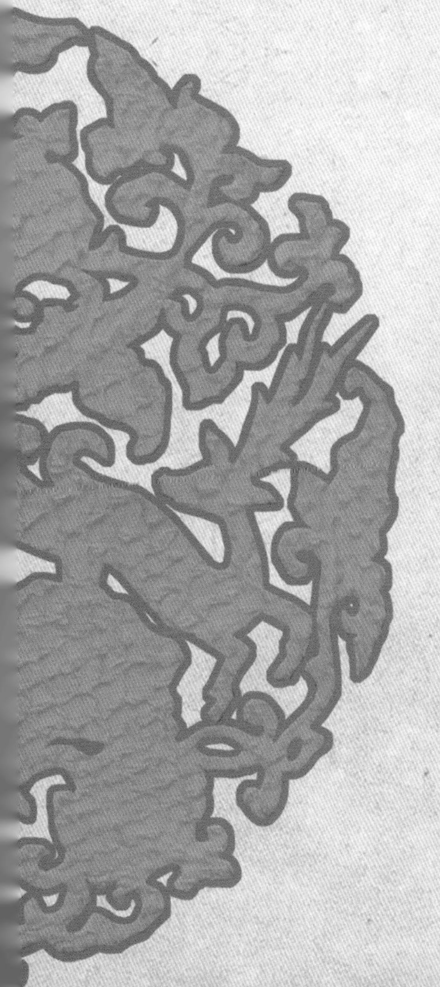

即将遗失的
传统文化

鱼皮吊件是用鱼皮制作单面或者双面的艺术品，通过填充缝制，悬挂在立面上的装饰品，类似浅浮雕性质，观赏性较好。

鱼皮挂件图片

鱼皮吊件制作前的设计

先用笔、纸画出想要的图形，要注意图案分割线块不能超过鱼皮的大小尺寸。赫哲族伴河而居，食鱼肉，穿鱼衣，崇尚鱼皮图腾，在他们生产生活用具中，经常可以看到鱼的图形。

吊件设计的实例

裁剪

把画好的图形，根据所需挑选好鱼皮，注意深浅变化与作品相呼应，然后用剪刀剪裁下来。挂件两面鱼皮要互相有关系，或者接近，或者互补，或者根据需求挑选，形成一定观赏技巧。也可根据需求设计裁剪有主题的挂件。

为“创行”设计的有主题的鱼皮挂件

缝制

剪裁好两面鱼皮，相对放好，检查是否有不对称地方，调整修改，用针线缝合而成，注意针脚要均匀，针法有别于正常锁边。赫哲族传统针法叫猫爪针，是每个针孔里都有分开的三条线，形成的形状像猫的抓痕，这样的针脚缝合细密，观赏性好，装饰性强。

赫哲族鱼图腾吊件制作的实例

填充

鱼皮挂件在缝制过程中，有小的面块时，就需要边缝边添加棉花，添加过程中要注意添加物要均匀，才能平齐好看，也有的在添加物里加进香草，如艾叶、棉等，使鱼皮挂件散发香气，醒脑提神。

锁针之前，一定要检查填充物填充量，使主体物突出后背物体减弱，形成主次关系。

鱼皮挂件《富富有余》

拼接

拼接是指大型浮雕式鱼皮挂件。先将缝合填充好的鱼皮小块用针线连成一体，注意参照原图和组合前后搭接关系，加强牢固度，大型作品后面需加衬。

鱼皮浮雕画《大展宏图》（作者:马华）

鱼皮浮雕画《鲤鱼跳龙门》（照片由德风鱼皮文化有限公司提供）

装裱

简约装裱

不使用卡纸，画框和画芯之间直接连接，没有间隙，画框的边宽一般和画芯的规格大小成正比。无框画也是简约装裱的一种方式，亦称冷裱。

标准装裱

使用卡纸修饰，卡纸的色彩一般采用画面的同类色系或与画面某一颜色相呼应，一般适用于装饰类作品，比如装饰花卉、装饰图案等；摄影作品也常用此类方式装裱，比如偏心定位、居中定位等。画框边条的宽度和画面大小无关，常用衬纸作为整体的一个构成部分，更加突出地体现画面的质感。

复式装裱

综合性装裱方式，有框中框、落樘、凸凹、拼凑等特殊工艺的装框方式，装裱类型非常近似标准装裱，但所使用的卡纸往往用特殊衬纸代替，比如皮纹、皱褶、麻纹等。

简约装裱·鱼皮浮雕挂件《福娃》（作者:孙茂密）

复式装裱·鱼皮挂件《中国龙》

第九章

圆雕粘贴鱼皮摆件

即将遗失的传统文化

鱼皮摆件制作难度较大，工艺复杂，不易掌握。

设计

设计俗称塑形，首先我们要根据需求制作一个草稿，可以是铅笔稿、泥稿或者是木雕稿。

翻模

然后用树脂或者橡胶、玻璃钢、石膏翻制模具。

翻制胎模

用树脂、石膏往模具浇灌，卸开模具，用利器修复接痕，便形成了我们所需要的胎模。

剪裁

根据所要表现的物体外部特征，挑选剪裁鱼皮。

粘贴

粘贴是整个工作的重点，一定要设计好每一片鱼皮的衔接，或者按规律覆盖式粘贴，或者对缝衔接，因为圆雕的作业面大多都是弧面。弧面小的，可以把鱼皮进行软化处理，进行粘贴；弧面大的要在裁剪时裁出挤压缝，粘贴时才会圆润平整。

木雕稿实例

整理

最后整理，局部地方可以染色，强化所表现部位。

要多做练习才能把握好鱼皮的质感性能创作更完美的作品。

鱼皮圆雕摆件《龙》

鱼皮圆雕摆件《鹰》

第十章

鱼皮画的鉴赏

即将遗失的
传统文化

鱼皮画《梅兰竹菊》

主题

梅兰竹菊，占尽春夏秋冬，中国文人称其为"四君子"，表现了文人对时间、秩序和生命意义的感悟。梅花高洁坚强，兰花清淡雅致，竹高风亮节，菊虚心清贞。作者在作品中赋予了自己的一片真情，花成为人格襟抱的象征和隐喻。

色彩

因为鱼皮缺乏颜色渲染，所以作者巧妙地选用衬底的颜色弥补色彩缺憾。梅花的粉色衬底，兰花的蓝色衬底，竹子的绿色衬底和菊花的橘黄衬底，强化主题色彩，起到衬托呼应的作用，而偏重的色调反映鱼皮画质朴的风格。

构图

下一页的四幅画都采用较稳定的构图方式，使传统题材作品更加沉稳、踏实，符合所谓画中君子风范。

鱼皮

在挑选花朵用皮时，因为花朵本是丰肌弱骨，最白最薄的鱼皮分别用于兰花、梅花、菊花。而梅花的虬枝和竹子选择用厚重、窩鳞大、肌理感强的鱼皮，兰花、菊花的叶子选择鱼皮颜色过渡大的、反差较强的，自然形成色阶和光影，使作品立体感较强。

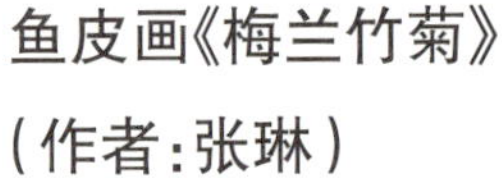
鱼皮画《梅兰竹菊》
(作者:张琳)

鱼皮画《飞天》

主题

“飞天”是敦煌莫高窟艺术的标志，是不朽的艺术品。只要看到优美的“飞天”，人们就会想到中国古代艺术。鱼皮画《飞天》是为首次参加非物质文化遗产展会创作的，带有中国符号构思。

色彩

用中国永远的大红为基调，采用彩色鱼皮，选用暖调，线条流畅，欢快热烈，体现庆祝节日气氛。

构图

采用主体在中间构图方式，作品以人物为中心更加醒目夸张。

鱼皮

在挑选鱼皮制作仕女脸、手、足用皮时，尽量选择平滑、质地细腻的鱼皮，仕女的飘带是用多块鱼皮衔接的，接口需要鱼皮色彩接近，做斜接口处理。

鱼皮画《飞天》（作者：张琳）

鱼皮画《鹰》

主题

赫哲族以鹰为图腾，崇尚鹰的符号，制作了大量鹰的变形图画。经查阅大量资料，下面这首词《鹰》足以表现鹰果敢、勇猛的精气神韵。

鹰

书心剑胆

闲观四野辨秋毫，雄立云崖近九霄。
飞转金眸穿雾扫，轻舒劲翅顶风飘。
凌空长啸千林静，贴地横驰万草摇。
插向鼠蛇如电闪，奋张钢爪断狐腰！

色彩

引用黑色背底，肃杀冷峻，只有鹰爪染了些浅土黄，缓解硬朗气氛。

构图

采用主体在画面满灌构图方式，作品以鹰为中心突出鹰的凶猛，夸张鹰翅疾如风、鹰爪利如锥的形象。

鱼皮

在挑选鱼皮表现鹰的胸部和翅膀内侧时，选择平滑、质地细腻的鱼皮，有绒毛的感觉；而鹰的翎毛、尾部则选择颜色反差大，具有粗狂纹理的鱼皮，质感鲜明。

鱼皮画《鹰》（作者：张琳）

鱼皮画《忠义千秋》

主题

关羽是忠义的化身，关公即关羽是一种文化，一种精神。凝聚在关羽身上而为万世共仰的忠、义、信、智、仁、勇，蕴涵着中国传统文化的伦理、道德、理想，渗透着儒学的春秋精义，大气浩然的华夏魂。

关羽又是民间财神，鱼皮画大多表现民间风俗，喜闻乐见的题材。

色彩

运用沉稳朴实的色调，内敛威严。

构图

采用主体在画面中间构图方式，作品以人物中心突出“气挟风雷无匹敌，志垂日月有光芒”的关羽气质。

鱼皮

在挑选鱼皮表现关羽的铠甲时，选择颜色反差大、粗犷的纹理，面部、手则选择质地细腻的鱼皮，胡须则依照生长方向按绺粘贴描绘。

鱼皮画《忠义千秋》 (作者:张琳)

鱼皮组画1《萨满舞》

主题

萨满教是东北黑龙江流域多数民族共同信仰的一种宗教，萨满被认为是沟通天和地的使者。

萨满通过舞蹈、击鼓、歌唱来做到“灵魂出壳”，以此在精神世界里上天入地，使萨满的灵魂能够脱离现实世界去同神灵交往。这种神秘仪式即被称为“跳神”或“跳萨满”。正如古文献所记：“击鼓诵咒，逐渐激昂，以至迷惘，及神灵附身也，则舞跃瞑眩，妄言凶吉……”本书作者调研时有幸看过萨满舞，印象极为深刻，为此创作《萨满舞》，体现远古时期民间民俗艺术。

色彩

运用彩色鱼皮，造型和线条夸张飞扬，炫目斑斓。

构图

采用主体在画面中间构图方式，以发散的线条使视觉引导至主体中央。

鱼皮

在挑选鱼皮表现鼓、服饰时所用颜色与皮肤颜色反差大，粗犷的纹理；面部、飘带则选择质地细腻的鱼皮。在画面上有材质、肌理的区分。

鱼皮组画 1《萨满舞》 (作者:张琳)

鱼皮组画 2《萨满舞》

主题

跳萨满舞时大多男女共舞，其中女为主体，男为帮衬，身穿萨满服，手持神鼓、神鞭，腰间有铜铃、铜镜，舞蹈时叮当作响，震慑妖魔。

色彩

运用彩色鱼皮，造型和线条夸张飞扬，炫目斑斓。

构图

采用 S 形构图方式，展现女萨满柔弱曲线的特点。

鱼皮

在挑选鱼皮表现鼓、服饰时所用颜色选择与皮肤颜色反差大，粗犷的纹理，女萨满面部、飘带则选择质地细腻的鱼皮。从画面上有材质，肌理的区分。

鱼皮组画 2《萨满舞》 (作者:张琳)

鱼皮画《赫哲族少女》

主题

去赫哲族聚居区调研回来，见过一位赫哲族少女，内敛含蓄，很想做张画，回来查阅赫哲族服饰特点及年代特征。

赫哲族女子多穿鱼皮或鹿皮长衣，式样很像旗袍。用鱼皮做衣服也是赫哲族妇女的一大特长。近代的赫哲族女孩服饰受满族、蒙古族、汉族的影响，产生了变化。

赫哲人面部轮廓有着鲜明特点。

色彩

运用染色鱼皮，营造怀古、哀怨、美丽氛围。

构图

采用中心主体形构图方式，展现少女思愁蔓延的情绪特点。

鱼皮

在挑选鱼皮表现少女皮肤颜色时，选择鱼皮颜色反差小的，细腻的纹理，女孩的面部、头饰、扇子等轻薄之物也选择质地细腻的鱼皮。鱼皮颜色反差较大能突出主题。

鱼皮画《赫哲族少女》 (作者:张琳)

鱼皮画《鱼》

主题

早在上古时代，鱼已成为祥瑞之物，用鱼皮画鱼更能突显其内涵，鱼为祥瑞之物，所以早有画鱼之念。《史记·周本记》上载有，周王朝有鸟、鱼之瑞。鱼繁殖力强，生长迅速，象征着家族兴旺，人丁众多，用鱼皮画《鱼》更突出其寓意。

色彩

此幅画表现手法为写实手法，整体颜色氛围呈现黑灰调，背景的灰衬托两条鱼，又强化鱼的头部，虚实有度，若隐若现，鱼更似在水中慢游。

构图

采用 S 中心形构图方式，展现游动的鱼的特点。

鱼皮

在挑选鱼皮表现鱼时，主体黑色的鱼选择窝鳞较大的，突出质感，颜色反差大，视觉冲击力较强；黄色的鱼视觉冲击力较弱，纹理细腻，利用颜色的反差，亦强亦弱，一虚一实，令画面生动，流畅。

鱼皮画《鱼》（作者：张琳）

图腾脸谱

赫哲族鱼皮图腾脸谱多为自然神、祖先神、守护神等，天地人交融，使整体造型保持了强烈的内在生命力。这种原始艺术，以形象意，以意制形，以意制形，形意言情，突出了民族特色，乡土气息，生活情趣亦浓，具有独立的品质。从民间民俗角度看，其整体造型为写实，夸张，幻想。它将万物有灵的原始思维方式，一山一石，一水一浪，一草一木，一鸟一兽，皆为人化，经过巧妙处理，舍枝去墨，视觉突出，靓丽天成。

鱼皮缝制的图腾脸谱

鱼皮缝制的图腾脸谱实例

（照片由赫哲族华夏文化有限公司江涛提供）

鱼皮画《鹿》

主题

在古代鹿被赫哲族视为神物，认为鹿能给人们带来吉祥、幸福和长寿，那些长寿神就是骑着梅花鹿。作为美的象征，鹿与艺术有着不解之缘，历代壁画、绘画、雕塑、雕刻中都有鹿，如汉代的骑士射鹿图、佛座上的卧鹿浮雕等。金代权贵还用鹿作装饰图案。赫哲族的鹿图腾，在远古岩画中曾出现过，鹿还与禄同音，也成为现代民间艺术描画的题材。

色彩

白桦林与鹿颜色反差小，不易拉开关系，所以画面中心画了些重颜色，亦可以突出主体鹿头反差，也加深了景深，产生三维空间感。

构图

采用三角形构图方式，画面稳定自然。

鱼皮

在挑选鱼皮表现鹿时，鹿身体部分选择窩鳞较大，突出绒毛肌理感，颜色反差大，视觉感受较强；鹿的脸部选择细腻的纹理，以便刻画细节。白桦林的树干与鹿用的鱼皮要从颜色、质感分开。

鱼皮画《鹿》 (作者:张琳)

第十一章

挽救濒危民族文化 拯救宝贵文化遗产

即将遗失的
传统文化

鱼皮艺术的现状

产品种类比较齐全

近几年来，我省鱼皮制品种类呈现出由单一化向多样化发展的良好态势。从题材上看，既有体现赫哲民族风情类的，如复古鱼皮服饰、鱼皮图腾脸谱系列等鱼皮制品，也有融入汉民族民俗文化元素的，如《连年有余》《送福》等系列鱼皮工艺品。从功能上来看，既有极具观赏性和收藏价值的传统手工鱼皮制品，也有适应现代人生活需要的实用物品，如鱼皮腰带、鱼皮拎包、鱼皮手机袋等。目前，我国鱼皮生产企业已初步形成了鱼皮画、鱼皮服饰、鱼皮挂饰、鱼皮生活用品四大门类，运用平板粘贴、浮雕、绣缝、镂空、圆雕等多种技法，形成了以人物、山水、花鸟、瑞兽等主题相对多样的产品体系。

传承非遗文化，带动企业发展

赫哲族鱼皮艺术是黑龙江省少数民族民间艺术的杰出代表。作为非物质文化遗产，仅仅做到保护是不够的，保护不是最终目的，只有传承和弘扬才能让这个古老艺术再现活力和生机，才能让它更好地服务于社会和公众，实现其真正的艺术价值。而若想让这种艺术弘扬光大，仅仅靠民间艺人的口传身授是远远不够的；但若想走进公众，更好地服务社会，实现价值更大化，没有艺术创作及生产的规模化也是难以做到的。

为此，张琳尝试将鱼皮画艺术引进黑龙江省几所院校，分别在哈尔滨工程大学，哈尔滨轻工学校，黑龙江农垦职业学院传授赫哲族鱼皮艺术课程，对赫哲族鱼皮历史文化艺术的传播和普及起到一定的推动作用，期望能有一批受过高等教育、具有一定艺术素养的年轻人加入到队伍中来，从而使非物质文化遗产的潜在传承人群素质得到大大提高，目前看，效果初步显现。

以哈尔滨工程大学为例，开设鱼皮艺术课后，学校组织学生成立鱼皮画社团协会，组织学生多次到赫哲族聚居区实地调研、学习采风，整理出具有一定价值的调研

报告4万字，录音录像70G，对赫哲族遗存情况深入记录，提供给主管部门获得好评。鱼皮艺术社团在张琳老师的指导下，秉承古老的民族艺术，吸取赫哲族多方面的营养并将自己的美术理论知识和专业技能运用到实践中来，将这古老的民族性与时代性，传承性与变异性的关系辩证统一起来，初步形成了独特艺术风格，创作出既有世代相袭的古朴的民族艺术风格，同时又有现代人审美的鱼皮艺术作品，受到专家好评，并作为黑龙江省礼物赠送联合国教科文组织代表。张琳作为非物质文化遗产的传承人多次参加国内外会议及展览受到专家和领导的好评。从事鱼皮艺术已经成为哈尔滨工程大学部分学生的创业选项，有的学生作品开始在展会获奖并销售，初步实现了教研与生产良性互动。一些政府职能部门也主动与张琳联系，期望通过鱼皮艺术品项目帮扶残疾人和下岗女工等弱势群体。

经过一批鱼皮艺术工作者和爱好者不懈努力，目前鱼皮艺术品已经成为黑龙江省各种艺术展会必不可少的角色，古老的鱼皮艺术开始得到社会的认同与艺术界的认可，更多精美的鱼皮工艺品被商家批量定制和销售，鱼皮艺术的经济价值开始吸引投资者的眼光。目前，已经有网站开始销售赫哲族鱼皮艺术品、工艺品，虽然规模还都比较小，但为数不少。

随着各方面需求的不断增加，宣传力度的加大，生产规模的扩大，鱼皮艺术的经济效益和社会效益逐渐突显出来，越来越多的企业关注鱼皮艺术，并从中获利。

黑龙江省每年都组织鱼皮生产企业和民间艺人参加中国国际旅游商品博览会、深圳文博会、哈洽会等大型展会，参展企业在向世人展示赫哲族渔猎文化魅力的同时，也获得了比较可观的经济效益，鱼皮艺术品极富地方特色，赢得了广大爱好者、收藏者的青睐。

一组反映赫哲族人民生活的鱼皮画

鱼皮艺术的发展趋势

从传承非物质文化遗产角度谈鱼皮艺术的开发价值

只有将非物质文化遗产中有条件的文化资源转化成为文化生产力，带来经济效益，才能有更多的资金反过来用于非物质文化遗产项目的发展。因此，对于鱼皮艺术这项非物质文化遗产，既要保护又要发展，以保护带动发展，以发展促进保护，是对鱼皮艺术价值的利用。项目的经济开发价值，可以促进鱼皮艺术非物质文化遗产所在地的经济发展；财政收入增加后，项目所在地区就有条件加大对该项目保护资金的投入力度，扩大宣传力度，给予这项非物质文化遗产的传承人提供更好的传承、保护、创新条件，提供更好的生活条件，使之能更加安心地从事非物质文化遗产的保护、传承工作。一些发达国家已经认识到“无论是有形文化遗产，还是无形文化遗产，都应该在确保文化遗产不被破坏的前提下，尽可能进入市场，并通过切实可行的市场运作，完成对文化遗产的保护及其潜能的开发”，并实现文化保护和经济开发的良性循环与发展，除了从维护文化生态、保护文化多样性的角度考虑外，也能看到在这些独具风情的民族地区发展文化旅游能够创造巨大的经济效益。

鱼皮画《一帆风顺》

鱼皮艺术在旅游经济中的开发价值

鱼皮艺术是赫哲人宝贵的遗存文化，有着重要的艺术和研究价值。鱼皮艺术品材料独特，反映了浓郁的地域特色和民族风情，令人一望而知其源于北方捕鱼民族的创造。鱼皮有一种自然的美，具有天然的鱼鳞花纹，多种多样，凹凸不平，又浑然天成。鱼皮构成的画面色彩斑斓，意境深沉幽远，富有诗意和哲理，其风格古朴，粗犷，而且有立体感和动感，是任何其他美术材料不可取代的，是艺术收藏的珍品。鱼皮艺术品的内容展示了赫哲人的审美追求与信仰崇尚，具有鲜明的民族风格。赫哲族有丰富的神话传说，很多情节和人物故事在鱼皮画中有所描述。透过这些神话故事，可以理解赫哲人对于世界的看法。分析鱼皮艺术品的图案，我们可以了解赫哲族以及其他北方民族的审美观。研究鱼皮画的加工制作过程，有助于我们认识赫哲族的生存智慧、生活状态和生产技术，在旅游观光体验中找到新鲜快乐感。

赫哲族风情园雕塑

鱼皮画《情系赫哲，三江水阔》

鱼皮艺术品虽然是一种特色鲜明的民族艺术，但由于历史的原因及地域的特点，很少有人知道它，但相信这种传统、古老的民族艺术与现代审美理念结合后，它的名字一定会被越来越多的人所关注和熟知。鱼皮艺术不仅是一项艺术的富矿，同时也是一项重要的经济资源。黑龙江省的地理位置和气候条件得天独厚，发展夏季旅游和避暑经济有显著优势。经调查，哈尔滨市旅游商品市场具有龙江特色的纪念品难得一见。鱼皮工艺品具有鲜明的黑龙江地方特色，工艺独特精美，是纪念、收藏和馈赠佳品。近年来，鱼皮艺术的文化含量不断得到加强，并且多次参加国内外各种文化展会，广受好评，已经初步打造出了一定的知名度。如果文化和旅游主管部门、商家企业能够重视扶植，随着旅游业的发展，鱼皮艺术品将成为黑龙江的标志旅游纪念品，这门古老的艺术将大放异彩！

从地域角度谈鱼皮艺术的发展优势

黑龙江所辖赫哲族聚居区之一抚远县素有“中国大马哈鱼之乡”“中国鲟鳇鱼之乡”的美誉，鱼类资源丰富而独有。大马哈鱼和鲟鳇鱼的鱼皮本身就有一种自然的美。赫哲族鱼皮工艺品形成的鱼皮产业在我省文化品牌中，有着重要标志性效应和地位，是一张色彩斑斓的名片。赫哲族鱼皮艺术是赫哲族美术中最具代表性的艺术形式之一。这种艺术既古老又年轻，现代人能够通过对它的欣赏，感受到远古时代人与自然之间相互作用的气息。黑龙江是赫哲族主要聚居区，而鱼皮工艺、鱼皮产业恰恰是不可替代的产品，是提升黑龙江知名度的一大亮点。正因如此，鱼皮工艺品成为赫哲族独有的艺术品，成为中华民族文化宝库的一块瑰宝，具有突出的地域性、民族性和不可替代性，具有本土的传承优势。尽管近几年来赫哲语处于自然消失边缘，但鱼皮制作技艺还是得以传承下来。目前，黑龙江省已初步形成了一支相对稳固的赫哲族文化传承人群体，他们既继承了鱼皮制作的传统工艺，又在实践中使这一民间艺术得到创新和提高，已成为发展鱼皮文化产业的中坚力量。经调查，全省大约有36家规模企业在经营销售鱼皮工艺品。

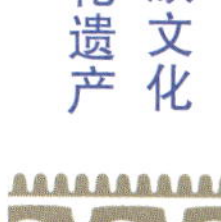

鱼皮粘贴画《虎虎生威》

赫哲族濒危民间文化

众所周知，非物质文化遗产项目展示的是历史，表现出的是文化，已深入人心，文化是美丽的，遗产是灿烂的。我们独立于世界之林，然而这些美好的技艺正面临着严重的挑战，随着全球文明化程度的推进、农耕的消失，非遗命运危机四伏，正在每分每秒面临着曲终人散，人亡艺绝境地，它们无声无息离去，烟消云散地灭绝。民族繁衍生息都离不开特有的文化符号，我们只有把它们保护下来，才不会有历史遗憾，才能面无羞愧地对得起祖先与后世子孙。这就要求我们努力挖掘、发扬、保护和传承民族艺术，传承与发扬极为珍稀且濒临失传的民族文化遗产。

“伊玛堪”的濒危

“伊玛堪”是赫哲族的曲艺说书形式，2011 年 11 月 23 日被列入联合国《急需保护非物质文化遗产名录》。“伊玛堪”是赫哲族民间口头说唱文学形式，主要流传于同江市、饶河县等赫哲人聚居地区，是其民族的文化遗产，被学术界称为赫哲族的英雄史诗，是反映该民族古老历史、渔猎生活和风俗信仰的“活化石”和“百科全书”，受到国内外学者的广泛关注。它除具有重要的文学价值外，还具有历史学、民族学、民俗学、社会学、语言学等方面的研究价值。由于“伊玛堪”歌手的相继辞世，“伊玛堪”传承将后继无人，现状令人担忧。

会唱“伊玛堪”的老民间艺人差不多都去世了。这些老的民间艺人有：毕张氏（1895—1980 年）、毕淑芬（1914—1983 年）、吴连贵（1908—1980 年）、葛德胜（1911—1997 年）、葛长胜（1924—1976 年）、傅万金（1933—1986 年）、吴进才（1918—1977 年）、尤树林（1915—1989 年）等。毕张氏用赫哲语讲述了 30 多个民间传说、故事，还说唱过长篇“伊玛堪”。毕淑芬曾讲唱过 20 多篇。吴连贵是用箫笛吹奏“嫁令阔”《狩猎的哥哥回来了》的民间老艺人，他是中国民间文艺家协会会员，一生演唱的民歌有 50 余首，讲述的“说胡力”“特伦固”“伊玛堪”有 20 余篇。葛德胜 1984 年 4 月被黑龙江省文联授予民间说唱家称号。他讲唱的“伊玛堪”，其中有 3 部获得了全国或黑龙江省的民间文学作品奖。葛长胜的代表作有《大顶子山高又高》等民歌，他讲唱的“伊玛堪”主要有《西尔达鲁莫日根》。傅万金是民间文学翻译家。吴进才早在 1957 年就演唱了《安徒莫日根》和多首民歌。尤树林讲唱的民间传说、故事和“伊玛堪”有数十篇。

2003 年赫哲族艺人尤金良去世后，“伊玛堪”无人能唱全篇，能听懂赫哲语的人也很少了。

“伊玛堪”是赫哲族民间文学的一朵奇葩，也是一部带有血和泪的民族史诗或英雄叙事诗，更是一部涉及历史、地理、经济、社会、宗教、民俗在内的多学科的百科全书，所以保护传承“伊玛堪”迫在眉睫。

国家级"伊玛堪"传承人吴宝臣在即兴表演

语言的濒危

赫哲语又称那乃语或戈尔德语，是赫哲族的语言，通行于中国和俄罗斯接壤的黑龙江、松花江和乌苏里江流域一带。赫哲语近似满语和锡伯语，属于阿尔泰语系满－通古斯语族。而在中国黑龙江省，赫哲人大多已被汉化，现在除了60岁以上的族人尚能操赫哲语外，该族其他人已转用汉语。

赫哲族先民自古繁衍生息在黑龙江、松花江、乌苏里江三江流域，肃慎、挹娄、勿吉、黑水靺鞨、野人女真等古代民族均与赫哲族有着历史渊源。20世纪50年代，国家进行民族成分识别后，正式确认了赫哲族，赫哲族成为祖国民族大家庭的一员。赫哲人从20世纪初的只有少数人运用汉语转到20世纪末只有少数人运用赫哲语的社会现象，赫哲语从当初的赫哲人的主要交际工具转为个别年龄段的人们在一定场合才运用的非主要交际工具，赫哲语的交际功能已经衰减，而且衰减的程度在日益加剧。但是作为语言工具赫哲语还没有完全退出赫哲人的交际。

研究当代赫哲语发现:使用者的分布与聚居地不重合;掌握的词汇量与使用者人数间呈反比关系;单词的掌握量与使用者年龄的关系呈正比。

赫哲语属于阿尔泰语系满–通古斯语族,满语支,历史上没有创造过与赫哲语匹配的文字。语言使用能力中的读和写是针对文字而言的,因此,读和写的能力对赫哲语使用者来讲是天然不具备的。余下的就是说和听的能力了。赫哲语作为独立的语言曾被赫哲人广泛地使用过,那时在赫哲人的生活范围内,赫哲语能够完成赫哲人的交际功能,随着社会的进步,社会化程度的提高,赫哲人生活模式的改变及其他文化的影响,赫哲语的功能逐渐衰退。原来作为社会交际语的赫哲语,交际能力降低,20 世纪 30 年代以后,由于帝国主义侵略者的残酷迫害和疾病流行等原因,中国境内的赫哲族人口锐减,1948 年时仅剩 300 余人,赫哲语的使用情况也因此深受影响。赫哲语的使用范围已经退缩到特殊的场合和个别的家庭中。到 21 世纪初的今天,能听懂和会说赫哲语已成为赫哲人的一种特技。在如今的赫哲族群体中,能听懂赫哲语的人数虽然不多,但还是比会说赫哲语的人数多。在为数不多的会说赫哲语的人口中,赫哲语已不作为主要的交际工具,随着少数高龄使用者的故去,赫哲语作为辅助性交际工具的作用也逐步逝去。现在留存在赫哲人中的赫哲语,主要是赫哲语单词和短语。因此说,赫哲语已经到了极其濒危的程度。

安俊先生利用1982—1983年的调查资料写成的《赫哲语简志》一书讲道："一般来说，现在的情况是，55岁以上的人还能用本民族语言进行交流，55岁以下40岁以上的人只能听懂或说一些本民族的简单的话语，30岁以下的人对本民族语言则知之甚少，甚至一无所知。"

根据中央民族大学民族学系语言学博士何俊芳副教授2002年秋调查，目前在赫哲族聚居区，能够使用赫哲语进行交流的人已不足20位。

就语言的使用范围而言，赫哲语目前主要使用于赫哲族家庭内部及部分人之间的交流中。在家庭内部，会赫哲语的老夫妻之间一般也用汉语交谈。可见，赫哲语的使用已经从家庭内部后两代人的交际生活中消失了。从赫哲语的濒危现象可以折射出濒危语言的很多困境，面对这些困难，我们更要增强保护意识和危机感，尽快建立濒危语言保护的资金保障，开展全方位濒危语言保护工作，保护民族语言使用环境，为濒危语言的生存创造条件。

赫哲族民间艺术的濒危及保护

文化变迁是不可避免的。文化变迁是社会发展、文化交流及文化融合过程中的必然结果。从客观规律讲，赫哲族人口较少、聚居地较小，是发展相对滞后的民族，相对来说其文化变迁表现得更加明显而已。针对这种不可避免的发展变化，以及赫哲族自己优秀传统文化的变迁加速，保护民间艺术急不可待。

赫哲族桦树皮盒子

赫哲族的手工技艺及艺术因实用性的消失而濒于失传，其中雕刻和绘画主要用于家具和桦树皮制作的器皿上。早年的木制家具、器皿，特别是桦皮盒子都刻着非常精细、均匀、协调的花纹，有的还钉缝上铜钱，很美观。

桦树皮工艺品主要有烟管箩、针线盒、小箱子等，图案有云卷、蝴蝶、花草、鹿、猎犬等。桦树皮的颜色基本上有两种，表面是金黄色，里面是白色。器皿主体为金色，上贴白色图案，协调悦目，美观大方。有些桦皮制品不用线缝，而用刻扣咬合，严密牢靠，精巧细致。绘画则多以植物、动物和神偶像为主题，一般比较抽象粗拙。目前，能制作桦树皮工艺品的艺人极少，会用传统技艺制作鱼皮民族服装的艺人只有尤文凤一人，她今年已经近 70 岁了。

赫哲族另一种手工技艺鱼皮画是从赫哲族服饰和赫哲族传统图案发展而来的，包含着浓郁的赫哲族风情，表现地域特色内容，也已被国家列为非物质文化遗产项目。

赫哲族桦树皮器皿

濒危的乐器

赫哲族乐器流传至今的有膜鸣乐器，即椭圆形鼓和圆形鼓，又称“抓鼓”“手鼓”。这两种鼓过去都是萨满跳神驱鬼时用的伴奏乐器。大者鼓面最宽处达 100 厘米，框高 3.5 厘米。鼓圈多用柳树枝削制弯成，鼓面用刮去毛的狍皮来蒙。将狍皮用鳇鱼鳔熬成的胶粘在鼓圈上晒干。使用前，将鼓面烤干至能敲出高音为止。现在民间还保存有少数腰铃，在过去也是萨满做法时系在腰间的，其形状如小喇叭。

20 世纪 50 年代前，民间流传的有弹拨乐器口弦琴。它虽流传于南北许多民族中，但形式各有不同。赫哲族的“木克依恩给地”（口弦琴）是用四棱铁条弯制成框架，手握部分呈钝三角形。伸长的两根细铁条平行，在两铁条中间安一根钢丝，钢丝尾部固定在手握三角圈内，钢丝头由两根铁条开口处伸出即为舌簧。舌簧稍头弯成 90 度。口弦琴的形状像铁把锥子。弹奏时左手拇指顶住琴把，食指和中指夹住琴框，把琴放在上下唇间，以右手食指弹拨琴的舌簧头部，用气息来控制音节和音调。声音小而单调，过去多是妇女在家中弹奏，现在在民间亦难得一见。

赫哲族老照片

“白本初”是一种妇女说唱故事的曲艺形式,先唱一段,然后再说一段。每段必须以“白本初”开头,唱一句歌词,又唱一遍“白本初”,唱完再叙述一大段。“博布力”是摇篮曲,音调轻柔温和,是给婴幼儿催眠的。如果没有词可唱,就反复以“博博也”、“博布哩”来哼曲低吟。

“嫁令阔”是赫哲族的一般民歌的总称,流行于黑龙江省三江流域赫哲族聚居区。内容多为表达爱情和歌颂家乡自然环境,以独唱和对唱形式为主。它有多种曲调,节拍明确,节奏清晰,常用五声调式。旋律婉转流畅,轻柔悠扬,少用装饰音,而将四度、五度、八度大跳与环绕式进行相结合,音型似水中漂荡,造成江波起伏、轻摇微摆之感。结构简洁规整,大都是单乐段分节歌。男女音调各异,男调气息悠长宽广,女腔明快活泼。有的人不愿说出心里话时,选择适合曲调,只用“嘀呢呐”这个虚词来哼唱曲子,表达心情。

赫哲族艺人在表演传统艺术嫁令阔

濒危的鱼皮服饰

鱼皮是上天对于人类的一种恩赐，鱼皮服饰是赫哲族先民与大自然和谐相处的智慧创造。赫哲族人以鱼皮为料，磨鱼骨为扣，搓鱼筋为线，熬鱼鳔为胶，衣襟、领边和袖口镶贴有鱼皮或鹿皮剪成的各色云纹或动物花样图案，衣衫下摆缀有贝壳或铜铃，其花纹色彩绚丽、样式古朴典雅、做工精湛细致，造型千姿百态，透露着生的意志，流动着美的气质。观赏价值中不乏实用功能，春秋捕鱼可防水抗湿护膝，冬天狩猎可保暖抗寒耐磨。鱼皮服饰已进入世界文化遗产名录，既是赫哲人物质文化遗产与非物质文化遗产完美结合的物化形态，也是赫哲族写在身上的历史，穿在身上的艺术。

但是因为文明的进步，历史前进，这种鱼皮服饰及制作技艺已鲜为人知，赫哲族艺人尤文凤是非物质文化遗产——鱼皮服饰的唯一传承人，也已年近七旬。

赫哲族用大马哈鱼皮制作的鱼皮衣

身着鱼皮衣的赫哲族少女在赫哲族民居桦皮“撮罗子”门前

亟待保护的赫哲族渔猎文化

赫哲族的先民信奉萨满教，相信万物有灵。基于这样一个对世界的基本认识，赫哲族的先民们衍生出了对大自然敬畏的感情。通过对神灵的崇拜让人们怀有一种“尊重自然”的态度，从而使人们的行为更加符合保护自然的目的。正是赫哲族的生计方式和人与自然长久以来的协调发展的关系，逐渐在精神层面上形成了赫哲人特有的渔猎文化。由于赫哲族逐渐放弃了传统的渔猎经济，生计的转型，赫哲人的生活水平有了很大的提高，他们独特的渔猎文化逐渐失去了赖以生存的根基。通过对文化变迁的研究发现，生态条件的恶化，赫哲人终有一天会离开世代生活的江边，传统的渔猎生计方式也会被外来的生产方式所取代。赫哲族的渔猎文化已有千百年的历史，这说明它本身是在不断发展进步的。赫哲人创造了渔猎文化，也是渔猎文化的载体、传播者，更是渔猎文化的主体和核心角色。因此赫哲族内部的文化系统的良性运转对本民族的发展有着重要的意义，这是获得外界的帮助的前提条件。用保护和发展的思路来对待赫哲族的渔猎文化，既可留住赫哲人独特的风俗和文化，又可使赫哲人走上富裕之路。

赫哲族的渔猎生活

附录

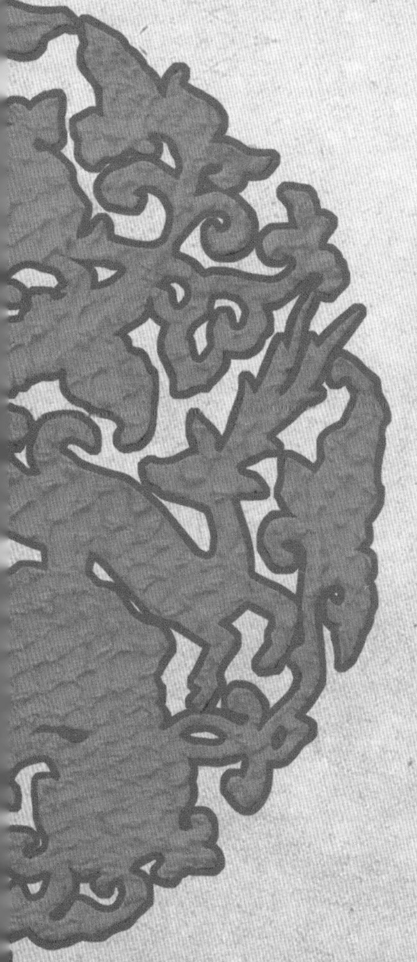

即将遗失的
传统文化

作者走访赫哲族聚居区拜刘升为师，学习传统赫哲族鱼皮艺术技法。

作者 2000 年在哈尔滨工程大学开设赫哲族鱼皮艺术课程，深受欢迎。

2011 年作者带领哈尔滨工程大学鱼皮画社团的同学深入赫哲族聚居区收集调研赫哲族濒危历史文化及民间艺术资料，与鱼皮艺术家孙茂密老师，群里文化发展有限公司赵玲总经理合影。

2011 年举办赫哲族鱼皮展览——张琳和学生汇报展。

2011 年中国政协主办纪念辛亥革命 100 周年，“百名大师，百件工美精品展”在全国政协礼堂举行，作者鱼皮画《门神》受邀参加，并向全国政协常委、民革中央副主席何丕洁汇报赫哲族鱼皮艺术发展情况。

2013 年中国哈尔滨国际经济贸易洽谈会，黑龙江省委常委、宣传部长张效廉参观哈尔滨工程大学鱼皮艺术展区并合影留念。

作者带领哈尔滨工程大学鱼皮画社团的同学参加社会活动与黑龙江省政府副省长孙尧合影。

2012 年黑龙江省文化厅厅长宋宏伟到哈尔滨工程大学由校党委副书记、副校长魏潾陪同参观了赫哲族鱼皮画艺术课同学们的作品，并做指导。

作者在京向国家非物质文化遗产保护工作专家委员会副主任委员周小璞老师汇报赫哲族鱼皮艺术的传承及工艺发展情况。

2012 年作者在京与清华美院工艺系主任林乐成教授交流赫哲族鱼皮画的表现手法和制作流程。

2010 年上海世博会，作者的鱼皮画《萨满祈福》在黑龙江展区展示，与黑龙江四小少数民族非物质文化遗产传承人交流探讨合影。

2011 年《松花江百里湿地》申报吉尼斯世界纪录，作者带领十四位残疾人鱼皮画班学生制作鱼皮画的现场。

2012 年 8 月 30 日由黑龙江省政府、国务院侨务办公室、联合国教科文组织和世界华商联合促进会共同主办的第二届“文化的力量”论坛在哈尔滨开幕，作者以黑龙江省非物质文化遗产——赫哲族鱼皮艺术的传承工作，做专题发言，与会的哈尔滨工程大学团委副书记郭峰及鱼皮画社团志愿者同学与联合国教科文组织官员桑塔先生、哈尔滨副市长曲磊女士合影。

“赛扶中国”2012 年全国总决赛在国家会议中心举行，作者带领哈工程大学团队荣获全国第二名，东北地区赛第一名的好成绩。

2012 年黑龙江省文化博览会，哈尔滨工程大学党委副书记、副校长魏潾到展位看望并鼓励同学们。

作者应邀参加菲律宾国际旅游节，展示赫哲族鱼皮画，在菲律宾留影。

参考文献

[1] 凌纯声.松花江下游的赫哲族[M].北京：民族出版社，2012.

[2]《赫哲族简史》编写组.赫哲族简史[M]. 北京：民族出版社, 2009.

[3] 黄任远, 尤志贤, 张嘉宾,等.黑龙江流域少数民族英雄叙事诗·赫哲族卷[M].哈尔滨：黑龙江人民出版社，2012.

[4] 徐昌翰, 黄任远.赫哲族文学[M]. 哈尔滨：北方文艺出版社, 1991.

[5] 张嘉宾.黑龙江赫哲族[M].哈尔滨：哈尔滨出版社, 2002.

[6] 张璇如，陈伯霖.北方民族渔猎经济文化研究[M]. 长春市：吉林人民出版社, 2005.

[7] 金开诚.赫哲族 [M]. 长春市：吉林文史出版社, 2010.

[8] 张敏杰.鱼家天锦：赫哲族鱼皮文化研究[M].哈尔滨：黑龙江美术出版社, 2008.

[9] 张敏杰, 王益章.渔家绝技——赫哲族鱼皮制作技艺[M].哈尔滨：黑龙江人民出版社, 2008.

[10] 王益章,黄任远.赫哲族风俗画[M]. 哈尔滨：黑龙江美术出版社, 2006.

[11] 咸泽寿, 黄国楹.赫哲族鱼皮文化研究[J].美术之友,2009(53)：32–33.

[12] 黄任远.黑龙江伊玛堪[M]. 哈尔滨：黑龙江人民出版社, 2011.

[13] 姜涛.重现图腾——赫哲族百神脸谱及其内涵[M]. 哈尔滨：黑龙江教育出版社出, 2012.

[14] 王英海，孙熠，吕品.赫哲族传统图案集锦[M]. 哈尔滨：黑龙江教育出版社, 2011.

[15] 高波.东北三江流域古代城址——佳木斯地区汉魏时期城址[M]. 哈尔滨：黑龙江教育出版社, 2011.

[16] 张树东, 刘殿生, 吕品. 东北三江流域民俗概览[M]. 哈尔滨：黑龙江教育出版社出版, 2011.

[17] 尤志贤.赫哲族伊玛堪选[M].哈尔滨：黑龙江民族研究所, 1992.

[18] 黄任远.赫哲绝唱——中国伊玛堪[M]. 哈尔滨：黑龙江人民出版社, 2006.

[19] 刘玉亮.中国北方捕猎民族纹饰图案（赫哲族）[M]. 哈尔滨：黑龙江教育出版社, 2008 .

[20] 乌丙安. 神秘的萨满世界——中国原始文化根基[M].上海：上海三联书店,1989.

[21] 孟慧英. 中国北方民族萨满教[M].北京：社会科学文献出版社, 2000.